KB236372

세계를 설득한

반기문 리더십

유한준 지음

자신부터 변화하라
Change yourself

BOOK STAR

PREFACE

머리말

아름다운 꿈이 큰 인물을 만듭니다

상상의 날개를 펴고 미래를 향해 힘차게 도전하세요! 꿈을 가지고 정진하는 사람에게는 반드시 기회가 옵니다. 아름다운 상상의 꿈이 큰 인물을 만듭니다.

사람들은 저마다 꿈을 꾸면서 살아갑니다. 그 꿈이 아름다운 것일 수도 있고, 뜬구름처럼 허망하게 흘러가는 것일 수도 있습니다.

누구나 공부를 잘해서 훌륭한 사람이 되기를 원합니다. 그건 우리 모두의 꿈입니다. 그 꿈을 이루기 위해서는 열정을 가지고 몸을 던져야 합니다.

공부에는 왕도가 없다고 합니다. 황소처럼 뚜벅뚜벅 걸으면서 바보처럼 공부에 매달릴 때 실력과 인품을 갖추어서, 작은 꿈도 크게 키울 수 있고 성공과 행운의 문도 열 수 있는 능력을 갖게 됩니다.

어린이들은 장차 큰 인물이 되겠다는 아름다운 꿈을 지니고 그 꿈의 실현을 위해 달려가야 합니다. 그런 아이들 뒤에서는 너희들의 소망이 이루어지기를 바라는 엄마의 기도가 날마다 계속됩니다.

지금 우리가 살고 있는 지구촌은 국경선이 따로 없을 정도의 세계화 시대로 변하고 있습니다. 인터넷 속에 드넓은 세상이 펼쳐지더니, 인터넷을 훌쩍 뛰어넘어 모바일 시대가 성큼 다가오고 있습니다.

미래는 철저하게 준비한 마니아들이 지배하는 시대가 될 것입니다.

훌륭하게 된 큰 인물들은 어릴 적부터 자신의 미래를 분명하게 설정하고 부단한 노력을 쏟아온 사람들이며, 그들 뒤에는 어머니의 지극한 사랑과 정성이 녹진하게 스며들었다는 공통점이 있습니다.

　　이 책의 주인공은 한국의 아들로 '세계의 대통령'이 된 반기문 潘基文 유엔사무총장입니다. 어린 시절의 꿈을 불굴의 노력으로 성취하고 지구촌의 최대 최고 기구인 국제연합을 이끌고 있는 반기문 유엔 사무총장의 이야기는 살아 있는 감동의 신화입니다. 그는 한국인도 글로벌 인재로서 세계 정상에 우뚝 설 수 있다는 희망의 메시지를 어린이와 청소년들에게 전해 주었습니다.

　　반기문의 인간 승리 신화가 드넓은 세계를 향하여 달려가려는 청소년들에게 좋은 나침반이 되고, 자녀들의 미래를 걱정하며 기도하는 부모들에게는 자녀 교육을 위한 하나의 지침서가 되기를 바라면서 반기문 성공 스토리를 엮었습니다.

엮은이 유한준

목차

IV. 행운의 날개 / 121

실력은 확실한 자산이다

01

아름다운 도전

Ban Ki Moon

01 명예로운 '세계의 대통령'

한국의 아들 반기문潘基文은 명예로운 '세계의 대통령'으로 우뚝 섰다. 한국인으로서는 처음으로 역사적인 유엔 사무총장 시대를 화려하게 열었고, 연임되는 행운을 얻었다.

외교관 세계에서는 최고 영광스러운 자리에 오른 반기문 유엔 사무총장은 까다롭고 날카로운 질문이나 곤란한 상황에서도 일을 매끄럽게 잘 처리하면서도 인상이 부드럽고 유연하다는 평가를 받고 있다. '세계의 대통령'이라는 말은 국가를 초월하여 지구촌 여러 나라를 이끄는 유엔의 최고 지도자라는 뜻에서 나온 말이다.

반기문이 지구촌을 다스리는 유엔 사무총장에 선출된 것은 단군 이래 최대의 민족적 경사로, 한국 외교사의 쾌거로 기록되었다. 그의 유엔 사무총장 진출은 88서울올림픽과 함께 한국사를 바꿔놓은 자랑스러운 일이다.

반기문은 미얀마의 우탄트 총장 이후 무려 35년 만에 유엔 사무총장을 맡은 아시아 사람이다. 그동안 서방 국가들이 중심축을 이뤘던 유엔이란 무대에서 아시아의 영역이 더 넓어지는 계기를 열어놓았다.

유엔 사무총장이란 자리는 '세계의 대통령'이자 '세계 최고의 외교관'이라는 점에서 한국의 국제 위상을 높이고 외교적 지평을 넓혀놓은 역사적인 사건이다.

큰 꿈이 큰 사람을 만든다

반기문의 유엔 본부 입성은 막판에 가서야 유력한 후보가 윤곽을 드러냈던 과거 유엔 사무총장 선출 사례와는 사뭇 달랐다. 일찍부터 유엔 안전보장이사회 5개 상임이사국의 지지를 받는 등 두각을 나타내고 선출되었다는 점, 그리고 지난날 미국에 의존하며 끌려가던 외교에서 벗어나 대등한 위치에서 균형 외교로 중심을 잡은 한국 외교의 승리라는 두 가지 관점에서 새로운 이정표를 세웠다.

이로써 한국은 8·15해방과 건국 과정 및 6·25전쟁 등 굵직한 역사적 사건마다 유엔의 도움을 받아왔던 나라에서 유엔을 주도적으로 이끄는 국가로 우뚝 섰다.

　더구나 반기문의 유엔 본부 입성은 세계 유일의 분단국가인 한국의 외교관으로서 세계 평화와 안전을 위해 창설된 유엔의 정신을 가장 잘 구현해 나갈 것이라는 인류의 소망도 한 몸에 받았다.

　이처럼 큰 기대를 안고 세계의 대통령으로 우뚝 선 반기문 유엔 사무총장은 한국인도 글로벌 인재로서 세계 정상에 설 수 있다는 자신감과 꿈을 자라나는 어린이와 청소년들에게 심어주면서 혜성처럼 떠올랐다.

　반기문 유엔 사무총장은 "인류는 세계의 시민으로서, 우리는 하나다."라는 진리를 실천한 자랑스러운 한국인이다. 그의 학습 태도와 삶의 가치관, 그리고 '할 수 있다'는 강한 신념은 글로벌 시대에 어떻게 살아가야 할지를 밝히는 교과서가 되고 있다.

　반기문이 유엔 사무총장으로서 추진하는 과제도 만만치 않다. 중동 지역의 갈등, 리비아 사태 등 지구촌에서 벌어진 일들, 일본 대지진 복구 지원 등을 놓고 미국 오바마 대통령과 무릎을 맞대고 의견을 나누면서 평화적인 해결 방법을 찾는데 큰 역할을 하면서 세계의 주목을 받았다.

　또한, 한반도를 전쟁의 공포 속으로 몰아가려는 북한의 핵실험으로부터 대한민국을 지켜내는 일에도 골몰하고 있다. 그는 이미 외교통상부 장관으로서 북핵 문제를 오랜 기간 다뤄왔다.

북한의 입장과 미국, 중국, 일본 등 관련 국가들의 정책을 역대 어느 사무총장보다도 정확하게 파악하고 있다는 점에서 북핵 문제의 조정 및 중재 역할을 성공적으로 수행해 나가고 있다. 이 때문에 지구촌 나라들이 그에게 거는 기대가 크다.

반기문은 개척자 정신과 도전의식, 그리고 일을 추진하는 열정이 유별난 사람이다.

반기문은 '21세기 지구촌 대통령'으로 떠오르면서 국제사회에 진출하려는 청소년들의 우상이 되었다.

공부는 게임처럼, 포부는 스타처럼

초 · 중 · 고교에서는 "반기문 같이 바보처럼 공부하고 천재처럼 꿈꿔라."라는 말이 유행한다. 반기문의 학창시절이 공개되고 그의 학습 방법이 소개되면서 세계를 가슴에 품으려는 학생들 사이에서는 '반기문 따라 하기' 바람이 거세게 일어난 것이다.

유엔 사무총장이 된 뒤 첫해 58개국 120여 도시를 누비면서 130일 이상을 출장지에서 지내고, 하루 4시간 30분 정도 잠을 자는 고된 일정을 보냈다.

그렇게 바쁜 일정 속에서도 웃음을 잃지 않고 가난한 나라, 분쟁 지역 사람들에게 희망을 심어주는데 열정을 쏟았다. 그 엄청난 에너지와 초능력의 비결은 무엇일까?

반기문 총장처럼 유엔 국제기구에 진출하고 싶은 어린이들, 글로벌 리더가 되고자 하는 청소년들에게 도전 의식과 열정을 불러일으키는 내용들이다.

반기문이 학창시절에 보여주고 실천한 '리더십', '영어 공부', '세계 시민 의식'의 3가지는 O 아니면 X 식의 2분법 성적에만 빠져버린 어린이와 청소년에게 인생에서 O 아니면 X가 전부는 아니라는 것을 일깨워 주었다. 동시에 성적보다는 미래의 소중한 꿈과 희망을 가꿔가라는 메시지를 강하게 전하고 있다.

반기문은 배려하는 마음, 겸손한 태도, 도덕을 존중하는 생활, 성실함과 진실함, 그리고 조건 없는 봉사정신 등을 가져야 한다고 가르쳐 주었다.

반기문이 실천한 '진정성'은 오랜 시간을 두고 사귄 친구라면 변함이 없어야 하고, 마음이 늘 한결같은 사람에게는 언제나 향기가 드리워야 한다는 것이다. 그렇게 소박하고 고결하게 살아온 반기문 총장이기에 각박한 세상에서도 그의 존재가 아름답고 그의 발자취가 돋보인다.

문명도 외면한 아프리카 오지를 찾아가 그들의 어려운 사정을 늘 안타까워하고, 작은 것 하나라도 배려하는 고운 마음이 그들에게 감동을 일으켜서 반기문 사무총장에게 지구촌 사람들이 박수를 보내고 있다.

반기문은 바로 ‘21세기형 글로벌 인재’로 꼽힌다.

그는 가난한 사람들, 약소 국가 사람들에게 따뜻한 사랑과 부드러운 미소를 전하고, 다양한 문화의 차이를 이해하고 감싸 안을 줄 아는 소통 능력이 강한 사람이다.

그가 평소에 강조한 말 가운데 눈길을 끌고 마음을 사로잡는 두 가지 교훈적인 말이 있다.

“약속이란 그 대상을 가려가며 지키는 것이 아니라, 약속 그 자체가 중요한 가치를 지닌다.”

“인생에서 진정한 승자가 되려면 효율보다 도덕성이 더 중요하고, 눈으로 보는 세상보다 인생을 이끌어주는 나침반도덕성이 더 소중하다.”

02 경쟁자는 바로 나 자신이다

반기문은 1944년 6월 13일 충북 음성에서 태어났다. 외가는 이웃 마을 증평이다. 원숭이띠, 쌍둥이자리 인생이다. 반명환 씨와 신현순 여사 사이에 3남 2녀 중의 장남이다.

충주농업고등학교를 수석으로 졸업한 아버지는 충북산업 직원으로 들어갔다.

반기문이 어릴 때는 생활의 부족함이 없었다. 그러나 아버지가 물류회사인 통운회사를 설립하여 운영할 때 친구 빚보증을 잘못 서주는 바람에 몰락하고 말았다. 이때 반기문은 중3 소년이었다.

그 뒤 아버지는 쌀 방앗간인 정미소에, 어머니는 충주 비료공장에 일터를 얻어 날마다 아침 일찍부터 해가 질 때까지 일하였다.

반기문은 어린 동생들을 돌보면서 공부에 매달렸다. 우리나라에서는 장남의 역할이 매우 크다. 부모를 대신하여 동생들에게 모범을 보여야 하고, 어린 동생들을 돌보고 챙겨줘야 하는 것이 큰아들의 몫이다.

어느 집에서든 큰아들에게 거는 기대가 크다. 따라서 책임감이 강하고 리더십이 있는 사람으로 자라기를 바란다.

동생들은 형을 따라간다

어린 동생들은 큰형, 큰오빠를 반 부모처럼 여기는 풍습이 전해온다. 반기문도 그런 분위기 속에서 자랐다.

"큰아들인 네가 잘해야 동생들도 잘한다."

부모로부터 그런 말을 수없이 들었다. 비교적 온순하고 상냥한 성품을 지녔다.

책임감이나 리더십은 후천적인 교육에 의해 길러지기도 하지만, 선천적으로 타고나는 경향이 더 많다. 학교에서도 유별나게 책임감이 강하거나 또래 아이들을 잘 이끄는 어린이가 있다. 학교에서 리더십을 발휘했던 사람은 사회에서도 사람들을 이끌어 간다는 보고서가 있다.

영국의 한 일간 신문이 세계 500대 기업의 최고 경영자와 임원들을 대상으로 실시한 설문조사에서 95% 이상이 학창시절에 리더

역할을 맡은 일이 있으며, 5% 미만이 아무 직책도 맡은 일이 없다
고 밝혔다.

최고 경영자들은 이미 학창시절에 학급 반장이나 어린이 회장,
학생회장 등을 지냈다는 것이다. 이는 최고 경영자가 된 사람들은
대체로 학교를 다니는 동안 리더로서의 훈련을 경험한 사람들이다.
그래서 오늘날에는 리더십 과외도 생겨났다.

진정한 리더십은 만들어 주는 경우보다는 스스로의 능력, 자발적
의지, 책임감과 추진력 등에서 나오는 것이다.

'파리똥' 놀림 받아

반기문의 집은 아버지의 전근으로 세 살 때 청주로 이사하였다.
청주에서 초등학교에 들어간 기문은 여덟 살 때 충주 교현초등학교
로 전학하였다. 콧등에 검은 점이 있어서 '파리똥' 이라는 놀림을 받
으며 자랐다.

공부보다는 놀기를 좋아하는 어린이들이 많았다. 반기문도 그런
어린이들과 어울려 노는 것이 더 좋았다. 딱지치기, 구슬놀이, 공차
기 같은 놀이에 신바람이 났다. 3학년이 끝날 때까지 그렇게 보냈
다. 책을 펴들자 공부에 점점 재미가 붙었다. 학교 성적이 쑥쑥 올
라갔다. 시험을 보는 족족 100점을 받았다.

“반기문, 쟤는 바보처럼 보이는데 천재인가 봐?”

“공부벌레인지 몰라?”

“공부엔 지독한 욕심쟁이라더라!”

어린이들이 숙덕거렸다. 5학년 2학기 때의 일이다. 주판을 제일 잘 놓아 주산 왕으로 불리는 어린이가 있었다. 그 어린이와 반기문은 학급에서 언제나 1등을 다투는 경쟁자였다. 요즘엔 편리한 전자계산기에 밀려 주판이 사라졌지만, 그때는 주판의 위력이 대단하였다. 문교부_{지금의 교육과학기술부} 장관상 또는 도지사상 타기 주산대회가 유행할 정도였다.

“주판셈을 겨뤄 보자.”

“하하! 파리똥이 내기를 건다?”

“누가 더 빠른지 내기하자!”

“좋다!”

친구들이 보는 앞에서 5자리 수 10문제를 보고 놓기로 계산하는 주산 실력을 겨루었다. 여섯 문제쯤 놓고 있을 때 친구는 이미 계산을 끝냈다.

반기문이 어이없이 졌다.

“야! 그 실력으로는 어림도 없다!”

“토끼와 거북이의 달리기 게임 같다!”

친구들이 놀려댔다. 반기문은 조금도 실망하지 않았다. 속으로 너를 꼭 따라잡고야 말겠다고 다짐하였다.

"그렇다! 경쟁자는 바로 나 자신이다!"

교내 주산왕으로 우뚝 서다

그날 이후 반기문은 주산 연습에 매달렸다. 손가락이 아플 정도로 주판알 놓기에 온 정성을 쏟았다. 속도가 붙었다.

반기문은 속도와 정확성에 중심을 두고 주산 연습에 몰두하였다. 공부도 예습과 복습을 철저하게 하며 파고들었다.

6학년 1학기가 시작된 지 며칠이 지났다. 도지사상 타기 학생 주산대회에 출전할 학교 대표 5명을 뽑는 선발전이 열렸다. 주산 왕을 꿈꾸는 어린이들이 주판을 들고 교내 선발전에 나섰다.

반기문도 참가하였다. 선발전이 열리고 있는 교실 안은 주판알 굴리는 소리만이 들릴 뿐 긴장감으로 가득 찼다. 선발전이 끝나고 1등부터 5등까지 명단을 발표하였다. 반기문이 1등으로 선발되었다.

"와! 대단하다!"

"언제 그렇게 연습했니?"

친구들이 모두 놀라면서 부러워하였다.

반기문은 주산에 관한 한 학급에서는 경쟁자가 없다고 뽐내던 친구를 따돌리고 당당하게 학교 대표로 뽑혔다. 친구에게 도전했다가 보기 좋게 참패한 뒤, 이를 악물고 연습한 결과였다.

경쟁자는 남이 아니라 바로 나 자신이라는 것을 보여주는 첫 무대였다.

03 말이 통하지 않은 똑똑한 천재

반기문은 열세 살이 되던 해인 1957년 충주중학교에 들어갔다. 중학생이 되어 교복을 입고 교모모자를 쓰고 학교를 다녔다.

초등학교에서는 배우지 않던 영어를 배우기 시작했다. 영어는 날마다 1시간씩 수업이 있었다.

요즘에는 조기교육 바람이 드세어 유치원부터 영어를 배우는 판이다. 그런데 그때는 초등학교를 건너뛰어 중학교 때부터 배웠으니, 참으로 호랑이 담배 먹던 시절과도 같은 이야기다.

중학생들은 저마다 영어 알파벳을 외우면서 새로운 세상으로 빠져 들었다. 반기문도 그런 학생 가운데 한 사람이었다.

한반도를 할퀴면서 3년 동안 처참하게 이어졌던 6 · 25전쟁은 휴전이 되면서 총소리는 일단 멈추었다.

그러나 한국전쟁이 휴전되었다고 해서 우리나라에 온 유엔UN군
이 모두 자기들 나라로 돌아간 것은 아니다.

웬만한 도시 주변에는 유엔군 부대들이 있었다. 키다리 파란 눈
의 미군을 포함한 유엔군들은 부대에서 가끔 외출하여 도시의 거리
를 거닐었다. 그래서 유엔군들을 주변에서 쉽게 만날 수 있었다. 그
러나 말이 통하지 않았다.

외국 학생들은 어떻게 공부할까?

알파벳을 외우고 영어 단어들을 익히기 시작한 중학생 반기문은
유엔군을 보면서 외국 나라에 대해 궁금증이 생겼다.

"외국 도시의 주민들은 어떻게 살고 있을까?"

"외국의 중학생들은 어떻게 공부하고 있을까?"

그때 충주는 인구가 고작 10여만 명에 불과한 작은 지방 도시였
다. 그러나 지금은 인구가 20만 명이 넘어서고 초등학교 40곳, 중
학교 16곳, 고등학교 11곳, 대학교 3곳이 들어선 교육 문화 산업도
시로 발전하였다.

사과의 고장인 충주의 소년 반기문은 한반도를 훌쩍 넘어 유엔군
을 파견한 세계 여러 나라로 상상의 날개를 펄럭거렸다.

"외국 사람들과 만나면 말을 할 수 있어야 한다."

"중학교에서부터 영어를 필수과목으로 가르치는 것도 글로벌 국제사회에 진출할 수 있는 유능한 인재를 키우기 위한 것이 아닌가? 앞으로는 외국인들과 만날 기회도 많고, 외국여행도 자주 있게 될 것이다. 그런데 외국인들과 말이 통하지 않는다면 벙어리나 다름없다. 말이 통하지 않는다면 아무리 똑똑한 천재라 해도 바보가 되고 말 것이라는 이야기이다. 영어를 열심히 익히면 세계로 나갈 수 있다!"

04 자기 혁명으로 신동이 되다

외국인들과 자유롭게 말을 할 수 있어야 한다는 상상의 날개가 소년 반기문을 영어 속으로 끌고 들어갔다. 학교에서 배운 것은 날마다 무조건 외웠다.

단어 하나를 외우는 것에서 한 걸음 나아가 문장 하나를 외우고 열 번씩 쓰고 이해하는 쪽으로 반경을 넓혔다. 그렇게 한 달이 지나고 두 달이 지나 한 학기말로 접어들었다.

충주에 '영어 신동' 났네!

반기문의 영어 실력은 오뉴월에 오이 크듯 쑥쑥 자랐다.

"충청도 충주 땅에 영어 신동이 났다!"

이 말이 소년 반기문을 신동으로 띄웠다. 신동神童은 글자 그대로 신의 아이라, 과연 신의 아이가 존재할까? 보통 사람들은 재주와 슬기가 남달리 썩 뛰어난 어린이를 신동이라고 일컫는다.

"천재를 믿지 말고, 열심히 노력하라!"

소년 반기문은 영국의 작가인 S. 스마일스의 이 격언을 교훈처럼 여기면서 영어 공부에 더욱 열정을 쏟았다.

그런데 그때 우리나라의 영어 교육은 문법 중심으로 이루어지고 있었다. 지금도 이 틀에서 크게 벗어나지 못하고 있지만, 그때는 더욱 심했다. 그런 관계로 영어를 여러 해 동안 공부한 사람들도 미국인과 마주하면 입이 열리지 못하고 벙어리처럼 다물어지곤 했다.

소년 반기문은 그런 사람들을 보면서 이상한 생각이 들었다.

"말문이 열리지 않다니, 왜 그렇지? 그건 죽은 영어인가?"

소년 반기문은 살아 있는 영어를 배워야 한다는 생각이 굴뚝처럼 솟아올랐다. 살아 있는 영어, 그것은 회화 중심이어야 한다고 생각하였다.

궁하면 통한다고 했다. 그에게 기회가 다가왔다. 그때 충주에는 비료공장이 있었다. 아시아에서는 가장 규모가 큰 비료공장이다.

미국 기술자들이 공장의 주요 책임자로 와 있었다. 마침 비료공장에서 일하던 어머니가 반가운 소식을 아들에게 들려주었다.

"애야. 우리 공장의 미국인 기술자 부인이 중학생 몇몇을 자기들 집으로 불러 영어 회화를 무료로 가르쳐 준다더라."

소년 반기문은 어머니의 말에 귀가 번쩍 뜨였다.

"어머니! 나도 거기서 공부하게 해줘요!"

"하겠니?"

"그럼요! 그건 정말로 살아 있는 영어 공부가 될 겁니다."

"그랬으면 오죽 좋겠니?"

어머니는 아들의 청을 미국인 기술자에게 통역관을 통해 전달했다. 이렇게 하여 소년 반기문은 학교 수업을 마치고 미국인 부인이 가르치는 영어 그룹에 들어가 영어를 배우기 시작했다.

학교에서는 '영어 신동' 소리를 듣는 반기문인데, 발음이 영 신통치가 않았다. 문법 중심의 영어를 배우고 있는 탓이라고 생각했다.

"여기서 밀리면 세계로 나갈 수 없다!"

이를 악물고 영어 회화를 익혔다. 요즘처럼 고액 과외도 아니다. 순수한 열정과 사랑으로 이루어진 회화 학습이다.

영어 회화를 가르쳐 주는 미국인 부인과 배우려는 우리 소년들 사이에 사랑과 믿음의 교감이 싹트고 자랐다.

"기문 군! 'Beautiful Korea, Can you understand me?' 다시 한 번 반복해 봐요."

"뷰티풀 코리아, 캔 유 언더스탠드 미?"

"오! 참 잘했어요."

소년 반기문은 "아름다운 한국, 무슨 말인지 알겠니?"는 영어 회화를 되풀이하였다.

미국인 부인은 '일곱 난쟁이와 백설공주' 이야기를 들려주면서 반복 학습을 시켰다.

일곱 난쟁이가 집으로 돌아왔어요. 그들은 백설공주를 보았어요.

백설공주가 눈을 뜹니다. 공주는 자기 사연을 난쟁이들에게 말했어요.

난쟁이들은 공주에게 말했어요. "공주님! 우리와 함께 지내요."

'일곱 난쟁이The seven dwarfs와 백설공주Snow White'는 정말 재미있었다. 그 재미에 푹 빠져 영어로 말하는 사이에 회화에 자신감을 키워나갔다. 그날 배운 것은 그날로 이해하고 외워서 소화하는 데 집중하였다. 소화하지 못하는 날은 밤늦게까지도 되풀이를 거듭하면서 외웠다.

소년 반기문은 충주 비료공장 기술자 부인 집에서 회화를 배우는 영어 그룹에서도 단연 앞서 가는 학생이 되었다.

“기문 군은 훌륭해. 친절한 모범 학생이야!”

미국인 부인은 소년 반기문을 칭찬해 주었다.

중학교 3년이 훌쩍 지나고 고교생이 되었다. 길에서 외국인을 만나면 친절한 음성으로 이야기를 건넸다.

“아저씨, 어디 가십니까?”

“제가 안내해 드릴까요?”

“오! 어린 학생이 영어를 곧잘 하는군!”

이렇게 영어 회화 공부를 계속하면서, 영자 신문과 영어 잡지를 통해 읽고 쓰는 공부도 함께하였다.

고교 2학년이 되었다. 영어 회화는 막힘 없이 할 수 있게 되었다.

“오! 과연 영어 신동이다!”

그러나 신동은 하늘에서 떨어진 것이 결코 아니다. 끊임없이 노력한 자기 혁명으로 일궈낸 것이다.

05 열정으로 불가능에 도전하다

"불가능은 어리석은 사람의 사전 속에서만 발견할 수 있다. 나의 사전에 불가능이라는 단어가 없다!"

소년 반기문은 프랑스의 황제 나폴레옹이 한 말 "불가능은 없다!"를 믿었다. '하면 된다!'는 말을 신념처럼 여기며 밀고 나갔다.

"나만 한 천재성은 누구나 다 가지고 있다."

그는 이렇게 생각하면서 천재성을 얼마나 계발하고 키우느냐가 문제라고 여겼다.

천재는 위대한 노력으로 빛이 난다. 제아무리 천재성이 보이는 신동이라 해도 인내와 노력이 없다면 빛을 낼 수 없다.

항상 다른 사람보다 많은 노력을 쏟아야 하고 자기 혁명에 철저하지 않으면 안 된다. 더구나 자기가 한 일에 대하여 남보다 더 많은 선행을 해야 한다. 천재는 노력하는 정도에 따라 그 명성이 따르는 것이다. 그래서 꾸밈이 있어서는 안 된다. 꾸며대는 사람은 천재가 아니다.

누구에게나 한 가지 재능은 있다

우리들 주변에는 재능이 뛰어난 사람이 꽤 많다. 재능이 있는 사람보다 열심히 노력하는 사람들이 더 발전하고 성공하는 확률도 높다. 재능이 있는 사람들이 노력하는 사람을 따라가기가 힘들다는 말이다.

지금 우리들은 인터넷 시대를 뛰어넘어 모바일 시대에 살고 있다. 이런 시대에 재능만 믿고 게으름을 부리다가는 큰 코 다치게 된다는 말이다. 더구나 마니아들이 이끌어갈 미래 시대는 새로운 환경이 펼쳐질 것이다. 어떤 일에든 미치지 않고서는 헤쳐 나아갈 수 없을 것이다.

마니아들의 시대, 모바일 시대에서는 일도 그렇고 공부도 그렇다. 미쳐야 한다. 공부에 미치는 사람은 직업 사회에 진출한 뒤에 그 속에서 즐거움을 찾고, 정을 쏟아부을 수 있고, 글로벌 세계에서 어깨를 당당하게 펼 수 있다. 이는 곧 성공의 지름길이다.

"영어가 내 인생을 바꾸었다. 나는 상상조차 할 수 없을 정도로 어려운 소년 시절을 보냈다. 6 · 25전쟁으로 삼천리금수강산이 잿

더미로 변한 시절에 학교를 다녔다. 아버지는 쌀 방앗간에서, 어머니는 비료공장 노동자로 일했다. 나는 외국인들과 말이 통해야 살아남을 수 있다는 각오로 영어 공부에 매달렸다.”

소년 반기문에게 영어가 없었다면 오늘의 유엔 대통령 반기문이 있을 수 있었을까? 그런 반기문은 단연코 없다.

‘신동’ 이라고 칭찬하는 얄팍한 소리에 푹 빠진 나머지, 미국인 부인에게서 살아 있는 회화를 배우지 않았더라면, 스스로의 재능을 발휘하고 계발하지 않고 학교의 영어 수업에만 매달렸다면 활기 넘치는 살아 있는 영어가 아니라, 문법에 치우친 영어, 이른바 ‘브로큰 잉글리시’ 라는 엉터리 영어에 머물고 말았을지도 모른다.

우리들 주변에는 초등학교 때부터 중·고교를 거쳐 대학을 졸업할 때까지 적어도 15년 이상 지겹도록 영어 공부를 하고도 반벙어리도 못 되는 사람들이 너무나 많다.

이는 노력의 낭비, 돈의 낭비에 머무는 것은 물론 열정의 낭비이다. 학교 교육이 잘못되었다고 탓할 일도 아니다. 누구의 잘못을 따지기 전에 자신의 목표 설정이 잘못된 결과일 뿐이다.

소비적인 낭비보다는 생산적인 방향으로 키를 돌려라. 모두가 자신이 하는 일이 옳다고 생각하기 쉽다. 보통 때는 컴퓨터 게임에 푹 빠진다. 우선 재미있고 흥미롭기 때문이다. 학교에서 돌아오는 즉시로 책가방을 내동댕이치듯 하고는 컴퓨터 게임 속으로 빠져든다. 일이십 분 동안 재미로 하는 것이 아니라 몇 시간씩 계속한다. 그뿐인가? 유명 연예인들처럼 되겠다며 그들의 뒤만 졸졸 따라다니며 열광한다.

컴퓨터 프로그래머가 되고 연예인이 되겠다는 욕망이 나쁘다는 말은 아니다. 그렇게 소망하는 대로 된다면 좋은 일이다. 나쁜 일이라고 지적하기에 앞서 너무 지나치다는데 문제가 있다.

목표를 바로 세워라

목표를 잘못 세웠거나, 방향 감각을 잃었다는데서 문제가 심각하다. 청소년들에게는 호화로운 활동상을 펼치는 유명 연예인이 우상임에 틀림없다. 그 우상이 현실로 다가오는 것이 아니라 허상으로 무너지는 경우가 더 많다.

"아이들이 공부에 재미를 붙이지 않아 걱정이야!"

"공부보다는 컴퓨터 게임을 더 즐겨서 탈이야!"

이런 걱정을 하는 어머니들이 너무나 많다. 걱정이 아니라 너무나 당연한 말이다.

어머니들은 아이들에게 공부하라고 쉽게 말하지만, 공부의 범위를 거의 모르고 하는 경우가 대부분이다. 교과서를 읽고 영어 단어를 외우는 것만이 공부가 아니다. 그림을 그리고, 노래를 부르거나 운동을 하는 것도 일종의 공부이다. 그러나 어머니들의 공통된 생각은 한 가지이다.

"애야, 놀지 말고 공부해라."

공부하라는 말 그 다음은 아이들의 몫이다. 어떻게 무얼 공부하라는 것인지 모른다. 네가 알아서 공부하라는 식이다.

그림에 취미가 많은 아이에게 수학을 하라거나, 국어에 취미가 있는 아이에게 과학을 공부하라고 강요한다면 아무래도 무리가 따른다.

그림을 좋아하는 어린이에게는 미술과 관련된 미술사美術史나 유명 화가들의 이야기책을 읽어보도록 하는 것이 효과적이다. 국어를 좋아한다면 어학 관련 책들이나 위인전 같은 책들을 읽게 하는 것이 좋다.

이 세상에서 공부를 좋아하거나 공부가 재미있다는 아이들은 과연 얼마나 될까?

생산적인 공부는 미래를 열어가기 위한 첫걸음이다. 그 첫걸음이 제 방향으로 설정될 때 열정이 생기고 재미를 붙이면서 성적이 쑥쑥 오른다. 그 열쇠는 바로 어머니의 손에 달려 있다.

"애야, 공부해라!" 식으로 무조건적인 강요보다는 "애야, 이렇게 공부하면 어떨까?" 하는 건설적인 조언이 필요하다.

06 다시 주목받는 그의 성공 비결

반기문 유엔 사무총장이 연임에 성공하면서 그의 성공비결이 다시 한 번 세계적으로 관심을 끌었다. 사무총장 재선으로 국제무대에서도 그의 성공 비결이 통했기 때문이다.

그의 성공 비결은 '누구나 좋아하지 않을 수 없는 사람'이라는 데 있었다. 그는 겸손하다. 보통 사람들은 비록 인격이 훌륭하다 해도 어느 한순간 불쾌한 일을 당하면 감정을 드러내기 쉽다. 그러나 반 총장은 그런 사람이 아니다.

강대국들의 역학관계로 움직이는 복잡한 성격을 지닌 유엔 조직에서 반 총장의 근면 성실 겸손한 품성이 아니었다면 재선의 관문을 만장일치로 순조롭게 통과할 수 없었을지도 모른다.

한국인 최초의 유엔 사무총장이 '유엔 대통령'으로 동양적 리더십을 발휘하여 인정을 받으며 5년 연임이 확정되던 날, 유엔 총회에서는 역사적인 감동 드라마가 펼쳐졌다.

안보리 의장국인 가봉 대사가 "반 총장은 지난 4년 반 동안 뛰어난 임무 수행으로 유엔의 기대에 부응했다."라며 연임 제안 이유를 밝혔다. 그 뒤를 이어 데이스 유엔 총회 의장은 "반기문 총장은 처음 취임 선서 때 약속했던 유엔에 대한 충성심과 신중함, 양심이라는 가치를 제대로 발휘하였다. 이 가치들은 말로서가 아니라 지난 5년 동안 일상생활 속에서 행동으로 실천해 왔다. 안보리의 반 총장 연임 제안 결의안을 박수로 채택하자."라고 제안했고, 192개국 대표들은 박수로 화답했다.

데이스 의장이 "이제 박수로서 반 총장의 연임이 확정됐다."라고 선언하자 장내에서는 다시 박수가 터져 나왔다. 회의를 시작한 불과 15분 만에 만장일치로 반 총장의 연임이 확정되는 축하 무대가 일사천리로 진행되었다.

연임이 확정된 반 총장은 "반기문 사무총장 각하를 총회장으로 모시자."는 데이스 의장의 말에 따라 회의장 중앙 뒤쪽에서 의전 요원의 호위를 받으며 입장했고, 192개국 대표들은 일제히 기립 박수로 '한국인 유엔 사무총장 반기문'을 맞았다. 마치 미국 대통령이 의회 시정연설 때 입장하는 장면처럼 말이다.

연단에 선 반 총장은 허리를 깊숙이 숙이는 '한국식 인사'로 192 개국 대표들에게 감사의 답례를 했다.

데이스 의장은 반 총장에게 "각하께 총회의 사무총장 연임 승인을 알리게 된 것을 영광으로 생각합니다. 각하께서 보여 준 놀라운 지도력에 대해 모든 회원국을 대표해 감사의 뜻을 전합니다."라고 정중하게 말했다.

이 찬사를 시작으로 아프리카, 아시아, 유럽, 남북아메리카 등 6개 지역 대표들이 차례로 전폭적 지지 의사를 밝혔고, 마지막으로 연단에 오른 대한민국 외교통상부 김성환 장관이 한국 국민을 대표해 감사의 뜻을 전했다.

반 총장은 각 지역 대표와 안보리 의장 등 유엔 기구 대표 20여 명이 연단에서 지켜보는 앞에서 유엔 헌장 원본에 손을 얹고 "국제 평화와 안전을 위해 최선을 다할 것"임을 엄숙하게 선서하였다. 선서가 끝나는 순간 우레와 같은 박수가 또다시 터져 나오면서 분위기는 절정에 이르렀다.

총장 연임 수락 연설에 나선 반 총장은 영어와 프랑스어를 번갈아 가며 "함께하면 불가능한 일은 없다."라고 역설했다. 그가 연설을 끝내며 '감사하다'는 말을 영어, 프랑스어, 중국어, 러시아어, 스페인어 등 유엔 공식 언어로 차례로 말했을 때 회의장에서는 뜨

거운 탄성이 쏟아졌다. 이로써 100분 동안 이어진 반기문 유엔 사
무총장의 연임 드라마 총회가 모두 끝났다.

| 연임 당시의 반기문 UN 사무총장

02

불타는 신념

01 한계의 벽을 뛰어넘고

사람은 누구나 한계에 부딪히는 경우가 종종 있다. 한계는 일정한 범위를 가리키는 말로, 그 범위가 매우 다양하다.

흔히 힘의 한계, 능력의 한계, 성적의 한계 등을 자주 이야기한다. 아무리 노력해도 더는 진전이 없다거나, 성적이 오르지 않는다고 불평한다. 뛰어넘을 수 없는 보이지 않는 선을 한계 상황이라고 이른다.

잠자는 시간을 줄여가면서 공부만 해도 성적은 꼼짝도 하지 않고 제자리에 머물러 있는 일이 바로 그런 경우이다.

수영 선수가 수영장에서 살다시피 하면서 고된 훈련을 거듭해도 시간이 단축되지 않는다며 고민에 빠진다거나, 쇼트트랙 선수가 트랙을 다람쥐 쳇바퀴 돌듯 숨 가쁘게 돌고 돌아도 속도가 오르지 않는다며 주저앉는다면 어떻게 될까?

이럴 때 한계에 부딪혔다고 푸념한다. 그러나 이런 불가능의 한계를 자기와의 도전으로 뛰어넘은 사람들이 혜성처럼 나타나곤 한다.

실패를 두려워하지 마라

인간의 한계점을 발판으로 딛고 일어나 성공한 사람들은 하나같이 실패를 두려워하지 않았다는 점이다.

세계를 제패한 피겨 여왕 김연아 선수, 인천 부두에서 막노동을 하다가 현대 그룹을 일궈낸 뒤 "시련은 있어도 실패는 없다."라고 외친 정주영 회장도 그런 사람이다.

미국에서 사생아로 태어나 성적 학대를 당했고, 열네 살 때 미숙아를 낳은 불우한 여인이 독서로 인생을 바꾸고 지구촌 사람들이 즐겨 보는 내쉬빌 텔레비전의 리포터 겸 앵커가 되고 '21세기의 인물'로 떠오른 오프라 윈프리, 최고의 컴퓨터 매킨토시를 만들었지만 경영에 실패하여 자기 회사에서 쫓겨난 스티브 잡스…."

컴퓨터 매킨토시는 세계의 한계선을 허물었다. 그 괴물 상자를 만든 스티브 잡스는 21세기 세계 최고의 경영자로 우뚝 섰지만, 성공과 실패의 한계선을 넘나들었다. 이들의 이야기는 모두가 한계의 벽을 허문 위대한 인물로 지구촌 사람들을 감동시켰다.

이들은 모두가 가난과 실패를 뛰어넘고 성공 신화를 이룩한 사람들이라 더욱 진한 감동을 주고 있다.

불우했던 자신의 어린 시절을 숨김없이 당당하게 드러냄으로써 꿈과 열정이 있는 사람, 실패를 두려워하지 않고 노력하는 사람은 누구나 성공할 수 있다는 강한 메시지를 선사한 신화적인 스타들이다.

반기문도 한계의 벽에 부딪힌 적이 있었다. 중학교에 진학할 때 초등학교 선생님들은 사범학교로 진학하여 직장이 보장되는 선생님이 되라고 권하였다. 또 서울대학교에 지원할 때도 주변에서는 수재들이 몰려드는 외교학과는 어렵다는 걱정을 하였다. 공부를 잘하니 공대나 의대 쪽이 어떠냐고 권유하는 사람들도 있었다. 반기문은 고교 전 학년 성적표가 '올 수秀'였다.

하지만 외교관이 되려는 꿈을 접을 수는 없었다. 그래서 경쟁이 치열한 외교학과로 지원하여 당당하게 합격하였다.

동방의 작은 나라 코리아의 시골 소년이 스스로 한계의 벽을 넘어 '세계의 대통령'인 유엔UN 사무총장으로 우뚝 서서 지구촌을 이끌고 있는 것이다.

02 미래의 꿈을 당당하게 말하라

소년 시절의 반기문은 청소년 적십자RCY 단원으로 봉사와 섬기는 정신을 배우기 시작하였다.

사회의식과 인류에 대한 책임감을 심어주고, 급변하는 사회에 대한 이해와 적응 능력을 길러주며, 인류의 복지와 지역사회 개발에 참여하도록 일깨워 주는 청소년 적십자는 범세계적인 청소년 적십자 운동 단체이다. 사랑과 봉사의 적십자 정신을 배우고 실천하여, 우리 주위의 어려운 이웃을 위한 봉사 활동에 최선을 다함이 근본이다.

국내외 단원들과의 친선 활동을 통해 남을 이해하고 사랑하며 자신과 친구, 가족, 이웃의 건강과 생명을 보호하기 위한 활동을 펴도록 이끌어준다.

국경을 초월한 글로벌 지구촌으로, 인간 생명을 존중하고 보호하며, 평화 달성을 위한 자원 봉사의 손길을 펴는 21세기 정신에 따라, 인도주의를 청소년들이 어려서부터 꼭 배우고 익혀 실천하도록 훈련한다.

국제 청소년 적십자는 제1차 세계대전1914~1918년 중에 창설되었다. 우리나라에서는 1947년부터 시작되었으며 6·25전쟁 중인 1953년 봄, 피난 수도인 부산에서 대한청소년적십자단이 조직되어 활동을 전개하였다. 1958년 충남 강경여고 청소년적십자 단원들이 은사의 날을 만들고, 1964년 5월 15일 전국의 청소년적십자 단원들이 학교별로 스승의 날을 기념하면서 전국으로 퍼졌다.

반기문은 고교 시절, 청소년적십자 단원으로 미국 적십자사의 〈청소년적십자 국제 견학 및 연구대회〉에 참가하여, 케네디 대통령을 만난 후 외교관의 꿈을 키웠고, 지금 유엔 사무총장으로 국제무대의 중심인물로 활동하고 있다.

영어에 대한 반기문의 열정은 매우 뜨거웠다. 하지만 그는 1등을 뛰어넘어야 한다고 생각하였다.

"1등을 하는 건 시간문제다! 1등을 하고 난 뒤 그 자리를 지키는 일이 더 큰 문제다."

반기문은 영어에 있어서 1등 도전자는 바로 자기 자신이라는 생각을 굳혔다. 스스로 나 자신을 이겨야만 1등을 뛰어넘어 전진할 수 있다며 자신에게 약속하였다. 그 약속을 지키기 위해 엄청난 노력을 쏟았다.

미국으로 파견할 대표를 선발하는 전국 학생 영어 경시대회가 열렸다. 내로라하는 학생들이 영어 실력을 겨루는 무대였다. 영어깨나 한다는 수재들이 몰려들어 뜨거운 열기를 뿜어댔다.

기막힌 영어 실력

고교생 반기문은 얌전한 자세로 유창한 영어를 쏟아냈다.

"저 학생은 누군가?"

"충주에서 온 반기문이라는데, 영어 기막히게 잘한다!"

"반기문의 영어 실력은 미국 사람보다도 훌륭하다."

반기문은 뛰어난 실력을 발휘하여 당당하게 1등을 차지했다. 고교생으로 미국을 방문하는 영광을 얻은 것이다.

반기문은 충주의 스타로 떠올랐다. 미국 비스타vista 프로그램에 파견할 한국 대표 4명 가운데 한 명으로 선발되었으니 말이다. 그것도 충주의 작은 도시 학생이 당당하게 1등으로 뽑히는 영광을 따낸 것이었다.

　　1962년도 미국 비스타 프로그램은 미국 적십자사가 세계 여러 나라의 청소년 적십자 단원을 초청하여 한 달간 연수를 시키는 국제 청소년 적십자 프로그램이었다.

　　이 프로그램에 한국 고교 학생 대표로 충주의 반기문, 서울의 곽영훈과 정영애, 부산의 신은주 등 남녀 학생 4명이 선발되었다.

　　반기문은 이들 3명과 함께 43개국에서 선발되어 온 청소년 적십자 단원 117명과 함께 비스타 프로그램에 참가한 것이다.

　　연수 프로그램 중에 미국 대통령을 예방하는 일정이 들어 있었다. 케네디 대통령은 청소년 단원들의 예방을 받는 자리에서 반기문을 바라보며 영어로 질문하였다.

　　"학생의 장래 희망은 무엇인가?"

　　반기문은 갑작스런 대통령의 질문에 깜짝 놀라면서도 정확한 영어로 분명하게 대답하였다.

내 꿈은 외교관입니다

"I want to be a diplomat. 저는 외교관이 되고 싶습니다."

"오! 소신이 뚜렷하구나! 멋진 외교관이 되기를 바란다."

케네디 대통령은 미소를 지으면서 반기문을 격려하였다. 뜻밖의 질문과 격려를 받은 반기문은 그때 막연하게 품었던 외교관의 꿈을 더욱 확고하게 다졌다.

반기문이 외교관의 꿈을 지닌 것은 이미 어릴 적에 결심한 것인데, 그 꿈이 케네디 대통령과의 약속으로 더욱 확고하게 굳어진 것이다. 반기문은 1970년 대한민국 외무고시에 응시하여 합격의 영광을 따냈다. 케네디 대통령과의 약속을 8년 만에 이뤄냈다. 어릴 적의 꿈을 이룬 반기문은 외교관으로 국제무대를 누비기 시작하였다.

초등학교 때 전학하여 '파리똥'이라고 놀림받던 시골 소년이 열심히 공부하고, 대한민국 외무부장관을 거쳐 세계의 대통령으로 불리는 유엔 사무총장으로 지구촌을 이끌게 된 결정적인 이유는 무엇일까?

영어를 유창하게 잘한 탓일까?

영어 실력이 남보다 뛰어났기 때문일까?

그런 점도 있다. 단지 영어 실력이 탁월하였기 때문이라면 영문학자나 동시통역사 또는 무역업에 종사하는 사람이 되었을지도 모른다.

그러나 반기문은 외교관이 되었다. 어릴 적부터 외교관이 되겠다는 꿈을 가졌고, 그 꿈을 실현하기 위하여 열심히 노력하여 꿈을 이룬 것이다.

대한적십자사 총재를 지낸 서영훈전 KBS 한국방송 사장은 이렇게 회고하였다.

"반기문은 곽영훈 등 3명의 고교생과 함께 1962년 미국 적십자사가 주최한 대회에 참가하여 많은 인기를 끌었고, 존 F 케네디 대통령도 만나 격려를 받았다. 중주고 학생이던 반기문은 농부의 아들인데, 영어를 기가 막히게 잘했다. 충주 비료공장에 근무하던 미국인 기술자를 알게 돼 그의 부인으로부터 영어 회화를 배웠다. 지금 반기문은 유엔 사무총장으로 국제 평화를 위해 큰일을 하고 있다."

| 학생들과 함께하는 반기문 UN총장

03 비스타 프로그램 참가 수기
– 충주고교 3학년 반기문

1962년 7월 30일 오후 3시 45분.

미국행 비행기에 올랐다. 서울의 경기고 곽영훈, 경기여고 정영애, 부산의 경남여고 신은주와 함께 떠났다. 마치 하늘의 별이라도 따내려는 기분이다. 신기하고 두렵다.

우리 일행이 도착한 곳은 샌프란시스코, 먼저 25개국에서 온 41명의 학생들과 인사 교환하느라고 정신이 없었다.

우리는 캐나다, 칠레, 터키, 파나마, 인디아, 독일, 유고, 뉴질랜드, 이탈리아 고교생들과 한 반으로 편성되었다. 샌프란시스코에서의 일정은 관광이었다. 세계에서 제일 길다는 다리인 골든게이트 브리지라든가 베이 브리지, 골든게이트 공원 같은 곳을 구경하였다. 특히 안개에 싸여 있는 골든게이트 브리지는 그 웅장한 자태가 지금도 눈에 선하다.

이 도시에서 3일간 머물고 마린 컨트리로 이동하였다. 여기서 소개받은 나의 민박 가족은 로버트 패더슨 씨로 중학교 교장 선생님 댁이다. 처음에는 말을 알아듣기가 어려워 조금 난처하였다.

생활습관이 우리와 달랐기 때문에 '고맙다' 라는 인사말이나, '미안합니다' 라는 말도 여간해서는 나오지 않았다.

그래도 미국 가정의 민박 생활은 무척 즐거웠다. 주말에 이루어지는 해변 산책이나 말 타기 놀이는 재미있었다. 월·화요일은 활동하는 날이다. 내가 선택한 것은 국제 관계 및 교육에 관한 것이었다.

미국 청소년적십자 단원들의 활동은 정해져 있는 것 같았다. 첫째는 헌혈 프로그램이고, 둘째는 봉사원 활동이다. 헌혈하기 위해 수십 명씩 늘어선 것을 보고 감동하였다. 미국 적십자 사업 중 90%가 봉사원의 손에 의해 이루어진다고 한다. 봉사원 활동을 몇 시간씩, 때로는 며칠씩 계속하는 것을 보았다. 그들에게 감사도 드리고 고귀함을 느꼈다.

미국의 가정생활을 본 대로 느낀 대로 말하고자 한다.

제일 좋았던 것은 항상 명랑한 생활을 한다는 점이 인상적이었다. 우리처럼 어른이 아이들을 무조건 눌러버리는 그런 관성과는 근본적으로 다르다. 그래서 가족 간에 항상 웃음꽃이 피고 좀 더

나은 내일을 약속하는 기반이 되는가보다. 그러나 나쁜 점도 없지 아니하다. 10대 청소년들에게 너무나 많은 자유를 준다는 것이 그렇다. 지나친 엔조이 주의와 무 간섭은 서양의 미덕인지 몰라도 동양 도덕에는 거리가 먼 이야기이다.

마린 컨트리에서 7일을 보내고 오리건 주의 포틀랜드로 갔다. 여기서는 농장을 경영하는 존 바레트 씨 댁에 머물렀다. 여기서는 한국에 대한 인식이 부족하다는 데에 놀랐다.

"한국에도 사전이 있느냐?", "대학이 하나라도 있는가?", "남녀가 데이트를 하느냐?" 등의 질문에 기가 막힐 지경이었다.

여기서는 인디언의 특이한 의상과 민속춤 등을 보았다. 7일을 보낸 뒤 워싱턴 주의 스포캔으로 갔다. 이곳 사람들은 자동차와 밀접한 생활을 하고 있었다. 드라이브 인 극장, 드라이브 인 식당들이 많이 눈에 띄었다. 자동차를 몰고 극장이나 식당으로 곧장 들어가는 것이라 이런 풍경은 매우 기이하게 여겨졌다.

8월 22일 워싱턴 D.C로 갔다. 여기서 43개국 117명의 학생들이 만났다. 우리의 생활은 워싱턴에서 진짜로 재미있었다. 인종도 다양하였지만 성질도 별의별 인간이 다 모였다. 숙소는 민박이 아닌 웨슬리 신학대학교 기숙사였다. 100여 명의 각 나라 고교생들이 아침, 점심, 저녁 식사를 한 자리에서 하면서 정말로 가족과 같은 흐

못한 마음이 들곤 하였다.

국제의 밤 행사에서 한국 대표로 신은주 여고생이 부채춤을 추었는데 인기 최고였다고 자부한다. 어찌나 감탄들을 했던지 모두가 입을 다물지 못하였다.

또 곽영훈이 '비스타 노래'를 지어 합창하게 하여 한국을 빛냈다. 월·화요일에는 토론이 있었다.

나는 봉사원의 임무와 교육적 관계 임무, 그리고 국제법에 대해 한국 대표의 긍지를 가지고 남에게 지지 않으려고 노력하였다.

우리에게 무척 영광스러웠던 날은 케네디 대통령과 만난 날이었다. 먼저 백악관 안을 구경하고 오전 11시에 대통령을 만났다. 사진에서나 보던 케네디 대통령! 보기에도 듬직하게 생기신 분이었다. 2~3분 가량 연설하고 여학생 몇 명과 악수하고 돌아서다가 은근히 악수를 기다리던 나에게는 악수 대신 뜻밖의 질문을 하였다.

"장래 희망이 무엇인가?"

그때 나는 "외교관입니다."라고 대답한 것이다.

케네디 대통령은 "꿈을 이루라."라고 말하면서 빙그레 웃고 집무실로 들어갔다.

저녁 7시부터 만찬이 있었다. 군터 회장의 연설은 듣는 이로 하여금 심금을 울리게 하였다. 폐회식을 마친 뒤 각국 학생들은 서로

부둥켜안고 섭섭한 눈물을 흘렸다. 모두 형제자매와 같은 사이가 되었던 것이다.

이튿날 우리는 117명의 각국 학생들과 미국 적십자 관계 인사들 및 친절했던 미국인 친구, 그리고 미국에 '안녕Adieu'을 고하였다.

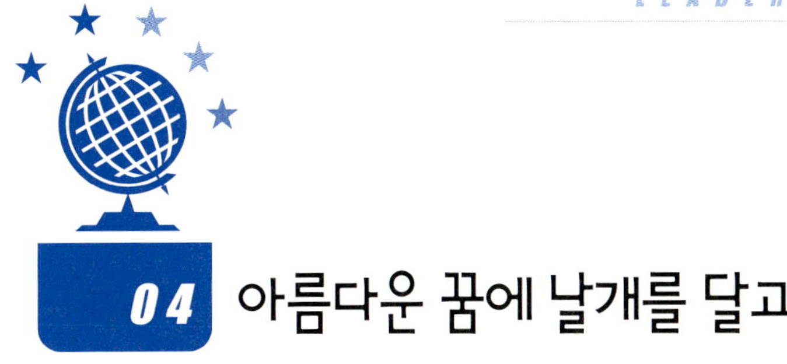

04 아름다운 꿈에 날개를 달고

"아름다운 꿈을 오랫동안 꾸는 사람은 그 꿈을 닮아간다."

앙드레 말로가 한 말이다. 그는 프랑스가 낳은 작가이자 민족해방 운동가였다. 그의 말처럼 아름다운 꿈을 꾸는 사람은 아름다운 인생을 만든다.

반기문이 그랬다. 그는 자기의 꿈을 당당하게 말하고, 그 꿈을 이루기 위해 온 힘을 다하였다.

방울 소리처럼 아름답게 울어대는 카나리아, 남의 말을 잘 흉내 낸다는 앵무새처럼 어떤 일이나 입으로만 조잘거리는 사람들이 주변에 흔하다.

그때 어린이들은 장차 희망을 과학자, 의사, 대장 등으로 꼽았다. 요즘은 어떤가? 그런 희망을 말하는 어린이들은 별로 없다. 사회가 변하고 직업관이 달라졌기 때문이다.

어릴 때에 장관이 되겠다고 했던 사람, 그런 사람들 가운데 한 두 사람은 장관이 되었을 것이다.

중학생 때 장차 대통령이 되겠다고 목표를 세웠던 사람도 있다. 그 소년은 훗날 꿈을 이룬 김영삼 대통령이었다. 부단한 노력으로 마침내 자기의 꿈을 이룬 것이다.

"입으로 종알거린다고 그 꿈이 이뤄지나?"

"이루지도 못할 꿈은 일찌감치 버려!"

그 말은 맞다. 미래 희망을 꿈꾸고 말한다고 모두 이뤄지는 것이 아니다. 설령 그런 꿈이 모두 이뤄진다면 세상은 요지경이 되고 말 것이다.

재미있는 설문조사 통계가 있다. 미국의 유명 대학교에서 20년 단위로 졸업생들의 희망을 알아본 것이다.

먼저 1953년에 졸업을 앞둔 학생들에게 졸업 후에 확실한 목표가 서 있는가 하고 물어보았다. 놀랍게도 67%가 확실한 목표가 없다고 대답하였다. 대학의 문을 나설 학생들이 졸업 후 갈 길이 막막하다는 충격적인 대답을 한 것이다.

졸업 후의 목표가 분명히 서 있다는 학생은 30% 정도였다. 그들 자체도 목표는 정했는데 입 밖에 낸 적도 없고, 또 계획서도 준비하지 않았다고 응답하였다.

다만, 3%의 학생들만이 졸업 후의 목표를 뚜렷하게 세워놓았다고 밝혔다. 100명 가운데 3명만이 졸업 후의 계획을 구체적으로 세워놓았다는 말이다.

그 대학교는 20년 후, 1953년도 설문에 응했던 학생들을 대상으로 다시 설문조사를 실시하였다.

그 결과 무척 놀라운 사실을 발견하였다. 졸업을 앞두고 목표를 분명하게 세웠던 3%의 학생들의 소득이 나머지 97% 졸업생들의 소득 총액을 앞질렀다.

목표가 분명하면 반드시 성공한다

자신의 목표를 분명하게 세우고 그 목표를 향하여 열심히 노력한 3%의 소득이, 졸업을 앞두고도 자신의 목표를 세우지 못했거나, 목표는 세우긴 했는데 구체적으로 밝히지 못했던 97%의 학생들 총소득보다 많았다는 것이다.

이처럼 목표를 정했던 학생들과 그렇지 못한 학생들의 격차가 크게 벌어진 것이다.

반기문은 그런 3%의 학생들과 같은 길을 이미 고등학교 때 세우고 공개적으로 밝혔으며 실천했다. 아름다운 꿈에 날개를 달고 힘차게 날갯짓을 계속한 것이다.

반기문은 자신의 꿈을 일찌감치 분명하게 세워놓았고, 세계의 정치 대통령이라는 미국 대통령 앞에서 분명하고도 당당하게 말한 한국의 고교생이었다.

그것도 미국으로 조기 유학을 간 학생이 아니라, 청소년적십자의 비스타 프로그램에 한국 대표 학생으로 선발되어 난생처음 미국 땅을 밟고, 미국 대통령으로부터 질문을 받은 자리에서 유창한 영어로 확실하게 대답한 것이다.

참으로 대단한 용기로 자신감을 보여주었고 그 꿈을 이루었다.

연임 성공 신화 우연이 아니다

반기문이 제8대 유엔 사무총장으로 선출되고 다시 연임된 것은 어쩌면 운명과도 같다. 그러나 결코 우연은 아니다. 그가 충주 교현초등학교 다닐 때인 1956년의 이야기다. 그때 유럽의 작은 나라 헝가리에서 민중봉기 항쟁인 '헝가리 사건'이 일어났다. 헝가리 민중봉기 사건은 공산주의에 반대하며 국민들이 일으킨 항쟁인데 소련군의 강제 탄압으로 국민들의 민주항쟁은 실패로 끝나고 말았다.

그러자 세계 여러 나라에서 유엔에 헝가리 민주화를 지원하는 탄원서를 보냈던 것이다.

그런 세계적인 흐름에 따라 반기문도 학교 어린이회 대표로 당시 제2대 유엔 사무총장인 하마슐드 총장에게 보내는 탄원서를 낭독하게 되었다. 이는 그가 장차 유엔 본부를 이끌어갈 지도자로 이미 점지된 것인지도 모른다.

헝가리의 이웃 나라 스웨덴 출신인 하마슐드 총장은 1961년 내전 중이던 아프리카의 콩고로 가던 중 비행기 사고로 숨졌지만, 민주주의와 공산주의가 서로 다투던 냉전시대에 유엔이 권위를 쌓는데 큰 기여를 한 인물로 평가받고 있다. 하마슐드는 생전에 "유엔은 인류를 천국으로 만들기 위한 것이 아니라 지옥에서 구하기 위해 존재한다."는 명언을 남겼다.

반기문은 2006년 제8대 유엔 사무총장으로 출마하면서 하마슐드를 자신의 역할 모델로 꼽을 만큼 존경했다.

외교가에서는 함께 일하고 싶어 하는 첫 번째 인물로 지칭할 만큼 사랑을 받아왔던 반기문, 그는 지금 그 사랑을 후배 외교관들에게 쏟아가며 유엔을 이끌고 있다.

유엔 사무총장으로 취임할 초기에는 국제무대에서 '보이지 않는 사람'이라는 말을 들었던 반기문이었지만, 자기를 내세우기보다는 조용히 귀 기울이고 남의 말을 열심히 들은 뒤 설득하는 끈기의 리더십을 인정받았다.

반 총장의 근면 성실 겸손의 성품은 너무나 널리 알려졌다. 일에서는 물론 인간관계에서도 성실하다. 근면·성실한 데다 윗사람이 원하는 업무를 미리 파악해 정확히 처리하는 솜씨기 탁월하다.

반 총장은 감정을 자제할 줄 아는 사람이다. 목소리를 내야 할 때는 분명하게 목소리를 내고, 조용히 무대 뒤에서 업무를 처리해야 할 때는 묵묵히 일에 전념한다는 자신의 독특한 스타일을 분명하게 보여주고 있다. 이런 그의 면모가 국제무대에서도 통한 셈이다.

2012년 1월 1일부터 5년간 연임하게 된 반 총장은 "2015년까지 세계의 빈곤을 반으로 줄이자는 유엔의 새천년 개발목표를 실현하기 위하여 포괄적으로 지속이 가능한 개발 의제를 제시하고 추진하며, 여성의 지위를 높이고, 핵 없는 평화 세상, 분쟁이 발생할 때 유엔의 신속한 인도지원 능력도 펼쳐 나갈 것"이라고 밝혔다.

"그동안 유엔 사무총장으로서 어려운 국제사회 환경 속에서도 성공적으로 유엔을 이끌어왔다."는 평가를 받아온 반 총장은 "가장 기억에 남는 일은 코트디부아르에서 국민의 뜻에 따라 선출된 민선 대통령이 정권을 맡아야 한다는 원칙을 분명하게 확립한 일"이라고 설명했다.

반대로 "유엔 사무총장으로서 가장 힘들었던 일로는 100여 명의 유엔 직원이 한꺼번에 희생당한 아이티 지진 때 유엔 평화유지군 특별대표의 시신을 직접 운구해 장례를 치른 일"이라며 안타깝게 여겼다.

반 총장은 "대한민국의 영향력이 지금 국제사회에서 확대되고 있다는 것을 피부로 느끼는 것"이라고 말하면서 "국제사회에서 한국에 대한 기대도 날로 커지고 있다. 국제사회는 한국이 기후변화의 대처, 공적개발의 원조 확대, 유엔 평화유지 활동 등 여러 분야에서 보다 많은 역할을 해주기를 기대하고 있다."고 덧붙였다.

반기문 유엔 사무총장의 연임에 대해 뉴델리 총영사를 거쳐 외교부 장관과 국무총리를 지낸 노신영 씨는 "그런 사람이 10명만 있으면 나라가 잘 될 것이다. 초임으로 온 반기문이 휴가도 가지 않고 일만 하는 '워커홀릭'이라 마음을 홀딱 빼앗기고 말았다."라고 당시를 회고했다.

반 총장은 1년에 지구를 평균 12바퀴씩 도는 강행군을 벌이며 활동적이고도 효과적으로 일을 처리해왔다는 평가를 받은 것이다.

05 나는 어떤 꿈을 꾸고 있나?

대부분 성공한 사람들은 아름다운 꿈, 정확한 목표를 일찌감치 세워놓고 열심히 달려가 마침내 꿈을 이룬 사람들이다. 반기문 총장이나 아놀드 슈워제네거도 그런 사람 가운데 한 사람이다.

축구 스타 박지성도 마찬가지이다. 2003년 네덜란드에서 열린 유럽 챔피언 리그에서 홈팀 에인트호번이 3 : 2로 승리하였을 때의 이야기 한 토막이다.

경기를 마치고 에인트호번의 공격수 박지성이 경기장을 빠져나오는데 홈팀 관중들이 그에게 종이컵을 던지며 야유를 퍼부었다. 박지성은 참으로 참담하고도 이상하다는 생각이 들었다.

"승리한 팀에게 야유를 하다니?"

"박지성, 너희 나라에서는 개고기를 먹지!"

박지성은 아무 말도 하지 않았다. 하지만 박지성은 축구 경기마다 눈부신 활약을 보여주었다.

이로 인해 응원가를 '위 송 빠르끄지성 박 송'로 바꿔놓았다. 2010년 맨유 스타디움에서는 또 다른 구호가 쏟아졌다.

"Don't sell my Park!"

박지성을 보내지이적 마세요! 라는 말이다.

비결은 간단하다. 박지성이 경기장 안팎에서 보여준 성실함에 팬들이 감동한 때문이다. 맨유 팀에서 박지성은 '유령'으로 불렸다. 연습이나 경기 때 지독하게 뛰어다닌다 해서 붙여준 별명이다.

영국 언론들은 그를 '이름 없는 영웅'이라고 칭찬했다. 열심히 뛰어 팀을 승리로 이끈다 해서 붙여주었지만 박지성은 이제 숨은 영웅, 이름 없는 영웅은 아니다.

그는 "후배들에게 길을 열어 줘야 한다."라면서 2011년 1월, 11년 동안 가슴에 달았던 태극 마크를 후배들에게 물려주었다.

그러나 그는 언제든지 나라에서 부르면 다시 운동장으로 들어설 것이라고 말했다.

미래의 꿈을 말하고 그 꿈을 꾸면서 열심히 노력하는 것은 좋은 일이다. 문제는 그 목표를 향하여 얼마나 성실하게 노력하느냐가 열쇠이다.

자신과의 약속 꼭 지켜라

자신과의 약속을 지킨 사람이 바로 반기문이다.

"외교관이 되겠다!"

반기문의 꿈은 장관도, 대통령도 아닌 오직 외교관이었다. 자신의 미래 희망을 위해 외교관의 기본 덕목인 영어 실력을 부지런히 착실하게 익혀갔다. 그리고 드디어 그 꿈을 이뤘다.

처음부터 외교관을 목표로 삼고 공부에 최선을 다하였기 때문에 외교관으로 들어서는 행운을 안았다.

그리고 외교관을 통솔하는 장관이 되었고, 마침내는 세계의 외교를 총괄하는 외교 대통령 유엔 사무총장에 올라 지구촌을 이끌고 있다.

"그럼, 나의 꿈은 무엇인가?"

"당신의 아들딸은 어떤 꿈을 가지고 있나?"

미래의 주인공이 될 어린이와 청소년, 그리고 이들을 이끌고 있는 부모들은 이 문제를 분명하게 짚어봐야 한다.

지금 우리 청소년들은 학교 공부는 뒷전이고 보습학원, 논술학원, 영어학원, 피아노학원, 미술학원 등 대학입시를 위한 점수 올리기 학원에 다니느라고 정신이 없다.

공교육의 불신이 너무 깊어진 탓에 사교육이 판을 친다. 청소년들의 꿈은 멀리 있는 것이 아니라 당장 눈앞의 대학입시에 모든 것이 걸려 있는 셈이다.

일류 대학에만 들어가면 모든 꿈은 이뤄진다고 믿는 것일까?

미래의 꿈은 2차고, 대학입시가 1차라는 관념이 지배하는 사회가 되고 말았다. 그런 사회는 건전하지 못한 잘못된 사회다. 우리 부모 세대들이 그런 과정을 거쳐 왔고, 또 아들딸에게 고스란히 물려주고 있다.

이러한 사교육 수레바퀴는 우리의 아들딸들이 어른이 되고 부모가 된 뒤에 태어날 손자손녀에게도 물려줄 것이 뻔하다. 대안이 없지 않나?

"나의 꿈은 무엇인가?"

"내 아이들의 꿈은 무엇인가?"

꿈은 강요한다고 이뤄지지 않는다

꿈은 강요한다고 이루어지는 것이 아니다. 스스로 정하고 그 목표를 이루기 위해 부단한 노력을 쏟아갈 때 이룰 수 있는 것이다.

"100점 받아오면 네가 원하는 것 다 들어주마!"

이 말은 귀여운 자녀들에게 100점을 받지 못하면 아무것도 이룰 수 없다는 절망감, 강박감만 키워 줄뿐이다. 그건 처절한 목표일 뿐 아름다운 꿈은 아니다.

어릴 적 반기문의 미래 꿈은 대장이나 장관, 또는 사장이 아니라 '외교관'이라고 하는 매우 소박한 것이었다.

외교관이 되기 위해서는 영어를 잘해야 하는 것이 필수였다. 그래서 미국인 부인을 찾아가 영어 회화를 배웠다. 자신에게 도전장을 내고 싸움을 계속하였다.

그리고 서울대학교 외교학과를 졸업하고, 1970년에 외무고시에 합격하여 '외교관'의 길로 들어섰다. 그 이후 2004년 대한민국의 최고 외교관인 외교통상부 장관을 거쳐 2006년에는 지구촌의 대통령인 제8대 유엔 사무총장에 당선되었다.

그렇다면 반기문은 흔히 말하는 '책벌레', '공부벌레'였나? 궁금증이 꼬리를 물고 일어난다. 하지만 그는 몰락한 시골 집안의 큰아들이었다.

그의 공부 비결에는 대체로 몇 가지 포인트가 있다.

- 누가 뭐라고 해도 나의 꿈은 외교관이다.

- 모두들 재미없다는 영어공부에 재미를 붙였다.

- 힘들고 어려운 외교관을 목표로 삼고 정진했다.

- 발음이 어렵고 까다로운 영어 회화부터 파고들었다.

- 열정적으로 최선을 다하는 끈기를 보였다.

- 꿈을 이루려면 자기혁명부터 해야 한다.

- 노력하지 않고 뜻을 이룰 수는 없다.

- 모든 일에 성실하며 도전의식을 키웠다.

- 자기 자신과의 약속을 반드시 지킨다.

가난한 시골집 큰아들 반기문이라, 고향 사람들은 그가 장차에 세계의 대통령인 유엔 사무총장이 되리라고는 아무도 생각하지 못했었다.

그의 부모도 아들에게 영어를 가르쳐줄 수 있는 수준은 아니었고, 이래라저래야 간섭할 형편도 못되었다. 오직 반기문 스스로가 꿈을 세우고, 공부 비결을 만들고, 자기와의 약속을 걸었으며, 자기 혁명을 위해 무한 도전으로 일궈낸 값진 결과였다.

06 어릴 적부터 가꿔온 목표

반기문은 어릴 적부터 꿈을 세우고 가꿔온 시골 소년이었다. 스스로 부단한 노력으로 그 꿈을 이뤄낸 사람이다.

바다가 없는 충북 음성 땅에서 농부의 아들로 태어나서 오대양 육대주인 세계를 다스리는 유엔 사무총장에 오른 것은 가히 전설적인 신화와도 같다.

2007년 1월 2일, 세계의 내로라하는 TV 방송과 신문들은 '유엔 제8대 사무총장 반기문'을 주요 뉴스로 크게 다루었다.

이날은 전 세계 여러 나라에서 선발된 막강한 수석들을 보좌진으로 삼고 유엔 지휘봉을 잡은 그가 집무를 시작하는 역사적인 첫날이다.

그 모습은 한국의 아들 반기문 한 개인의 영광을 훌쩍 뛰어넘어 대한민국 전체의 자랑으로 지구촌을 파고들었다.

‘조용한 열정의 외교관 반기문’은 꿈 많던 어린 시절부터 자신의 능력을 마음껏 발휘하였다.

반기문은 의지할 데라고는 자신의 능력과 성실함뿐이었던 시골 농부의 아들, 충북의 작은 도시의 가난한 집 소년이 외교관이 되겠다는 당찬 포부를 품고 묵묵히 줄기차게 걸어나왔다.

서울대학교 외교학과에 입학한 뒤 가정교사로 학비와 생활비를 보탰다. 서울대 학생인데다가 인품도 좋고 성실하여 최고의 가정교사였다.

그가 가르치는 학생들의 성적이 눈에 띄게 좋아졌다. 아이들을 가르칠 때 철저하게 필기하고 외우는 방법을 일깨워 주었다. 완벽하게 노트 정리를 하고, 그날그날 밀리지 않고 이해하도록 이끌었다. 그러니 학습할 내용이 밀리거나 쌓이지 않았다. 그런 학습 방법은 반기문 자신이 스스로 해온 방식 그대로이다.

반기문은 대학교 2학년을 마친 뒤, 일단 군대에 들어갔다. 바로 아래 동생이 대학에 입학하여 부모의 학비 부담을 덜어주기 위해서다.

군대에서는 그를 ‘반 이병’이라고 불렀다. 군복을 입은 졸병이니 서울대학교 외교학과 학생이라는 표시가 없다. 그런데 선임하사가 반기문의 화려한 이력을 알고 부대를 통솔하는 장창국 장군에게 보고했다.

“장군님! 서울대 외교학과 수재가 우리 부대로 들어왔습니다.”

“그래? 훌륭한 인재라니 잘된 일이군!”

장군은 반기문을 불렀다.

“반 이병, 영어를 잘한다고?”

“별로입니다. 계속 공부하는 중입니다.”

‘하늘의 별’로 여기는 장군 앞에서 반 이병은 낮은 목소리로 대답하였다.

“그렇다면 군대에서도 계속 공부해 보게!”

이렇게 하여 졸병이 장군의 영어 개인 교사가 되었다.

이때 반기문은 이런 생각을 하였다.

“실력이 자산이다! 특기만 있으면 어디에서나 특혜를 받을 수 있다.”

누구에게나 시련은 있다

결국 반기문이 유엔 대통령인 사무총장이 되기까지의 지나온 역경의 세월, 굴곡의 인생 드라마가 한 편의 파노라마처럼 지구촌의 TV 방송과 신문 속에서 생생하게 그려졌다.

그의 놀라운 성공의 비결, 치열한 외교 현장에 숨어 있는 비밀스러운 이야기들이 거침없이 펼쳐졌다.

그런 시골 소년이 자신의 노력만으로 세계 정치의 한복판에 우뚝 선 자랑스러운 이야기는 감동을 뛰어넘어 미래를 꿈꾸는 어린이와 청소년들에게 신화적 열전으로 전달되었다.

그리고 대학 문을 나와 이제 막 사회에 첫발을 디디려는 사회 초년생에게는 훌륭한 나침반이 되었다.

어렵사리 취업을 한 평범한 직장인들에게는 주어진 임무만 성실하게 수행하는 것으로 소임을 다한다는 안일한 생각의 틀에서 벗어나도록 일깨워주는 자극제가 되었다. 그리고 평범한 일상에 지쳐 있는 시민들에게도 새로운 비전의 문을 두드리게 하는 열쇠를 안겨주었다.

사실 반기문은 충주의 모범학생이었다. 책을 좋아하던 어린이, 장래 희망을 외교관으로 정하고 오직 그 목표만을 이루고자 엄청난 노력을 쏟아온 노력파였다.

충청도 양반의 전통적인 고집과 뚝심 기질을 반기문은 고스란히 지니고 자랐다.

복주머니가 사랑의 징검다리

그는 충주고교에 다닐 때 지금의 부인인 류순택 여사를 처음 만났다. 당시 소년은 충주고 학생회장이고, 소녀는 충주여고의 학생

회장이었다.

그래서 두 사람은 충주고와 충주여고의 학생회장단 교류 프로그램을 통해 자연스럽게 자주 만났다.

반기문이 1962년 충주고 3학년 때 미국 적십자 주최 세계 청소년 프로그램에 한국 학생 대표로 뽑혀 미국에 갈 때였다.

출국을 앞두고 환송식이 열렸다. 그때 충주여고 학생회장 류순택 소녀로부터 축하의 꽃다발과 복주머니를 선물로 받았다. 복주머니는 충주여고 적십자 단원들이 미국 학생들에게 선물하라고 특별히 만든 것이다.

소년과 소녀는 이것이 인연이 되어 사랑을 나누었다. 그들은 애틋한 러브 스토리의 주인공이기도 하다. 복주머니를 계기로 자연스럽게 가까워졌다.

그 뒤 반기문은 서울대학교 외교학과에 입학하고, 류순택은 중앙대학교 도서관학과로 진학하였다.

반기문은 중앙대 교수인 외삼촌 댁에서 서울에서의 대학 생활을 시작하였다. 그러다가 가정교사로 들어갔다.

대학을 다니다가 군대를 마친 반기문은 다시 복학하고 외무고시에 합격한 이듬해, 도서관 사서로 근무하는 류순택과 결혼식을 올렸다.

두 사람이 결혼하겠다고 하자 양가에서는 모두 놀랐다. 여자 집에서는 신랑감이 '충주의 신동'인 반기문이라는 정도만 알고 있었을 뿐인데 그와 결혼하겠다니 놀랐고, 남자 집에서는 더 좋은 혼처가 생길 수도 있을 텐데 서두른다고 놀란 것이다.

두 사람은 결혼식을 올리고, 서울 흑석동의 10만 원짜리 단칸방에서 신혼살림을 시작하였다.

류순택 여사는 남편이 유엔 사무총장에 선출된 뒤 SBS TV 〈한수진의 선데이 클릭〉 인터뷰에서 외교관 아내로서의 삶을 담담하게 털어놓았다.

"외교관의 부인은 '준 외교관'이라고 생각해요. 공관에서 만찬이 열리면 음식 메뉴를 결정하고, 찬거리를 사오고 꽃꽂이를 하는 등 수많은 일을 챙깁니다. 남편은 항상 일만을 앞세우는 사람이라 가정에서는 별로 재미가 없죠. 여고 때 제가 복주머니만 그에게 안 줬어도 운명이 달라졌을 거예요."

유엔 총회 의장님, 사무총장님, 내외 귀빈 신사숙녀 여러분!

여러분의 아낌없는 축하와 격려에 깊이 감동받고 고무되어 이 자리에 섰습니다. 저를 믿어주신 회원국 여러분께 끝없는 감사를 표합니다. 저는 겸허한 마음으로 유엔의 8번째 사무총장직을 수락합니다.

오늘의 이 자리를 마련하고 살펴주신 의장님께 감사드립니다.

의장님, 저는 역대 사무총장님들의 훌륭했던 발자취를 따르고 있습니다. 그분들 역시 이 순간을 경험하셨습니다. 그분들 모두는 인간성의 가장 깊은 가치와 가장 높은 열망을 지켜내기 위한 우리의 공동 과업에 중요하고 지속적인 기여를 했습니다.

특히 코피 아난 사무총장님, 당신은 깊은 통찰력으로 유엔을 21세기로 잘 인도했습니다. 유엔이 세계의 평화와 번영과 인간 존엄성에 진정으로 필수불가결한 존재가 되도록 하겠다는 야심 찬 목표를 세우셨습니다. 저는 당신의 업적을 계승해 나갈 결심을 합니다.

존경하는 대표단 여러분, 여러분은 차기 유엔 사무총장의 선임을 신속하게 완료해 주셨고, 전례 없는 기회를 열어주셨습니다. 후임 사무총장에게 충분한 준비 기간이 주어졌던 적은 단 한 번도 없었습니다. 여러분은 제게 두 달 이상의 시간을 주셨습니다. 이 기간에 저는 우리의 공동 목표, 즉 유엔을 개혁하고 새로운 활력을 불어넣는 일을 계속 추진할 최선의 방법에 관해 폭넓은 자문을 구하겠습니다. 여러분의 염려와 기대와 충고에 진지하게 귀 기울일 것입니다.

존경하는 대표단 여러분, 40년 전 세계를 위해 훌륭한 봉사를 펼치신 우탄트 사무총장님에 이어 제가 아시아인으로 두 번째로 유엔을 이끌게 되었다는 점에 깊은 자부심을 느낍니다. 창설 70돌의 유엔을 이끌어갈 차기 사무총장을 찾기 위해 여러분께서 다시 아시아로 눈을 돌리셨던 것은 참으로 적절했습니다.

아시아는 역동적이고 다양합니다. 또한, 세계를 위해 좀 더 큰 책임을 맡을 수 있기를 열망하고 있습니다. 이만큼 달려왔고, 여전히 떠오르는 아시아는 우리 시대의 성장과 도전의 모습을 충분히 대변하고 있습니다.

지난 세기 유엔의 핵심 사명은 국가 간의 분쟁을 막는 것이었습니다. 새로운 세기에 들어선 지금, 그 임무는 국가 간의 시스템을 강화함으로써 새 도전들 안에서 인간성을 높이는 일이 됐습니다. 유엔은 우리 인류를 위해 창설됐습니다. 그 목적에 부합하기 위해서는 유능하고 책임감을 지닌 국가들이 필요합니다. 유엔을 떠받치는 세 개의 기둥인 평화와 번영과 인권이 동등한 수준으로 함께 발전되지 않는 한, 세계인들은 완전한 도움을 받지 못할 것입니다.

모두를 위한 평화와 번영과 존엄의 세상을 만들기 위해 우리가 반드시 닦아야 할 길에는 함정들이 많습니다. 사무총장으로서 저는 유엔 헌장이 제게 부여한 권한과 여러분이 제게 위임한 권리를 최대한 활용할 것입니다. 인권이 취약한 회원국을 보호하고 국제 안보와 지역 안정에 위협이 되는 요소들을 평화적으로 해결하기 위해 구체적인 일들을 부지런히 해나갈 작정입니다.

의장님, 이처럼 늘어나는 임무와 기대를 충족키 위해 우리는 유엔 역사상 가장 대대적인 개혁의 노력을 해왔습니다. 그 개혁의 규모가 크기 때문에 회원국과 유엔 사무국 모두의 관심과 열정이 필요하지만 방향을 잃지는 말아야 합니다. 인적 자원, 제도적 자원, 지적 자원 등을 규합하고, 그것을 올바로 체계화해야 합니다.

우리는 '밀레니엄 개발 목표'를 달성하고, 평화 유지 활동을 확대하며, 테러의 위협과 대량 살상무기 확산, 에이즈 및 기타 유행성 질병들로부터의 위협을 해소하고 환경 파괴와 긴급한 인권 문제에 놓인 우리의 소명을 반드시 수행해야 합니다.

개혁은 남을 위해 하는 것이 아닙니다. 유엔의 미래를 믿기 때문에 개혁하는 것입니다. 우리의 공동 노력에 새 생명을 불어 넣기 위해서는 우리의 믿음부터 새로이 해야 합니다. 단지 유엔의 활동 안에서 뿐 아니라 국가 상호 간에도 말입니다.

우리가 현명하게 선택하고 투명하고 유연하고 정직하게 협력한다면 몇 개 분야에서 진전을 이룰 것이며, 이는 더 많은 분야에서의 발전으로 이어질 것입니다. 오직 회원국들만이 유엔에 새 생명을 불어넣을 수 있습니다. 저는 항상 여러분을 돕고 지원하기 위해 그곳에 있을 것입니다. 감사합니다.

선 서

나, 반기문은 충성을 다해 지각과 양심을 갖고 유엔 사무총장으로 나에게 부여된 임무를 다할 것을 엄숙하게 선서한다. 또한, 오직 유엔의 이익만을 위해 사무총장의 임무를 이행하고 나의 행동을 단속할 것을 선서한다. 그리고 나의 임무를 수행하는 데 있어서 어떤 정부나 유엔 외부 기관으로부터 지시를 구하거나 받아들이지 않을 것임을 엄숙히 선서한다.

존경하는 유엔 총회 의장님, 사무총장님, 안전보장이사회, 경제사회이사회, 신탁통치이사회 등 의장님들, 제56차 한승수 유엔 총회 의장님, 총회 부의장단 여러분, 내외귀빈 여러분과 신사숙녀 여러분, 친애하는 새로운 동료 여러분!

축하해 주시니 진심으로 감사합니다.

유엔 총회 의장님, 그리고 유엔을 이끌어 오신 코피 아난 사무총장님, 제가 앞으로 짊어져야 할 책임을 통감하는 이때 진심 어린 격려 말씀을 해주시니 얼마나 큰 힘이 되는지 모르겠습니다.

저는 오늘 한 선서를 마음 깊이 새기며 여러분 앞에 서 있습니다. 성실과 분별과 양심, 이 세 가지 원칙과 유엔 헌장을 깊이 명심하면서 앞으로 사무총장의 직무를 수행하는 데 있어 최선을 다 하겠습니다.

코피 아난 사무총장님!

당신이 '세상에서 가장 영예로운 직업'이라 말씀하셨던 그 일을 저는 이제 더 겸손한 마음으로 계승하려고 합니다. 그 존경스러운 발자취를 따르는 것은 영광입니다.

오늘 사무총장님이 받으신 수많은 찬사에 저의 목소리도 보태드립니다. 그 모든 칭송들이 충분히 근거 있는 것이라고 여깁니다.

사무총장님은 재임 기간에 높은 이상과 고귀한 열망, 그리고 용감한 결단으로 이어오셨습니다. 당신의 용기와 비전은 세계를 감동시켰습니다.

어려운 시기임에도 사무총장님은 유엔을 잘 이끌어 흔들림 없이 21세기를 인도하여 주셨습니다. 유엔과 인류의 삶에 새로운 연결고리를 만들어 주셨습니다. 그리고 그 훌륭한 유산을 이어갈 준비를 하는 동안 이례적일 만큼 지혜와 조언을 아끼지 않으셨습니다.

임명 과정이 일찍 끝난 덕분에 저는 취임에 앞서 준비 기간을 갖고 미래의 동료들, 대표단 여러분, 사무국 가족들의 말씀을 귀담아 들으며 유엔 도처에서 투철한 프로 의식과 헌신, 노하우를 직접 체험하면서 모든 준비를 하였습니다. 그리고 어려운 환경에서 유능하고 용기 있는 분들과도 함께 일할 것을 기대합니다.

평생을 국제적 공무에 몸바쳐온 코피 아난 사무총장님의 헌신에 찬사를 보내는 이때 우리는 소명 그 자체에도 경의를 표명합니다.

국제사회에는 좁고 가파른 길에서 많은 이들이 휘청거립니다. 나라의 국경과 당파의 이익도 초월해야 합니다. 혹은 쉬운 방편을 택할 수도 있겠으나 유엔 헌장의 항구적 목표와 원칙에 매료된 전 세계의 다양한 신념과 환경에서 젊은이들은 여전히 어려운 길을 걸어가기를 갈망합니다.

존경하는 대표단 여러분!

저의 핵심 과제 중 하나는 가끔은 무기력한 유엔 사무국에 새로운 활력을 불어넣고 자신감을 공고히 하는 일입니다. 저는 사무총장으로서 직원들의 재능과 기술을 발전시키고 그들의 경험과 전문성을 최대한 발휘하도록 지원할 것입니다.

인력관리와 경력 개발의 체계를 개선하고 훈련과 이동의 기회를 줄 방법을 모색하겠습니다. 유엔이 수행하는 범세계적 역할은 점차 많아지고 직원들도 더 많은 기동력과 여러 기능을 갖추어야 할 것입니다.

이와 함께 저는 윤리적 기준을 최고 수준으로 높일 것입니다. 유엔의 명성은 유엔의 귀중한 자산 중 하나이자 가장 실추되기 쉬운 것이기도 합니다. 유엔 헌장은 그 직원들에게 고도의 효율성과 역량, 그리고 정직성을 요구하고 있습니다.

저는 우리가 이 기준에 부응하고 있다는 굳건한 명성을 세우고 지켜내기 위해 최선을 다할 것입니다. 이렇게 저는 직원들의 사기와 직업 정신, 책임감을 높이기 위해 노력할 것이며, 그 결과로 회원국들을 더 잘 살피고 유엔에 대한 신뢰를 회복시킬 수 있도록 하겠습니다.

저의 의무는 유엔과 유엔 헌장, 그리고 192개 회원국들에 대한 책임을 다하는 것입니다. 궁극적으로 사무국과 회원국 모두는 '우리, 즉 인류'에 책임이 있습니다. 불신을 일소하고 신뢰를 회복함으로써 유엔 헌장의 큰 뜻에 대한 회원국들의 협력과 지원을 이끌어 내는 일입니다.

유엔의 소명을 다하기 위해, 진정으로 하나가 되기 위해 저는 사무총장으로서 할 수 있는 모든 일을 다할 것입니다. 전 세계 정말 많은 사람들이 유엔을 신뢰하도록 이끌 것입니다. 이것은 인류 역사에 아주 특별한 일입니다.

저는 유엔이 그 명성에 걸맞게 진실로 연합된, 그리하여 수많은 사람들이 인류역사에 다시 없을 이 기구에 걸고 있는 기대에 부합하도록 제 모든 역량을 다할 것입니다.

감사합니다.

사무총장 선출과 취임 연설의 배경

반기문은 2006년 10월 13일, 192개 국제연합 회원국으로부터 만장일치 지지를 받으며 제8대 유엔 사무총장으로 선출되었다.

그가 국제 정치의 총본산인 유엔의 최고 책임자로 우뚝 선 것은 한국 외교사를 빛내는 커다란 금자탑이었다. 특히 유엔의 지원을 받아 어려움에서 벗어났던 우리나라로서는 가난했던 과거를 극복하고 선진국 대열로 들어선 대한민국의 놀라운 저력을 세계만방에 떨친 역사적인 일이다.

반기문의 유엔 사무총장 선출은 한국의 위상을 높였다는 데 큰 의미가 있다. 국제 외교 무대에서 한국이 중국·일본과 함께 아시아권 지도국의 위치를 확인한 것도 커다란 성과로 꼽힌다.

더구나 반기문은 유엔 사무총장 수락 연설 및 취임 연설을 통해 인간 복리 증진을 유엔 임무의 우선 목표로 설정하고, 보다 나은 삶, 보다 나은 미래'를 만들 것을 다짐하였다. 그리고 조화와 협력을 바탕으로 하는 지도력으로 192개 회원국 간의 불신을 일소함으로써 유엔 헌장의 큰 뜻에 대한 회원국들의 협력과 지원을 이끌어 내겠다고 호소하면서 협조를 밝혀 뜨거운 박수갈채를 받았다. 그 약속을 지키고 2011년 6월 21일 유엔 사무총장으로 연임되었다.

03

자랑스러운 한국인

01 적이 없는 부드러운 사람

"반기문은 적敵이 없는 부드러운 사람이다."

이 말은 반기문을 어려서부터 잘 알고 친하게 지낸 사람들이 입을 모아 하는 말이다.

반기문의 어린 시절, 청소년과 청년 시절, 그리고 외교관으로, 유엔 사무총장으로 동분서주하는 현재까지 그를 보아온 많은 사람이 한결같게 그는 '적이 없다'고 말한다.

반기문은 1970년 제3회 외무고시에 합격해 외교관의 꿈을 이룬 이래, 외교 무대에서 활동하고 장관을 거쳐 유엔 사무총장에 오를 때까지 40여 년 동안 줄곧 동기생들 가운데서는 선두를 달려왔다.

그뿐만이 아니다. 때로는 선배를 제치고 나가면서도 다른 이의 가슴에 한이 맺힐 만한 언행을 하지 않은 국제 신사다.

“외교관은 나라를 위해 성실하게 일하는 사람이다.”

이 말은 반기문의 외교 철학이다. 그의 지론은 주어진 일을 열심히 하는 것을 제1의 원칙으로 삼고 있다. 그 원칙에 충실한다면 남으로부터 작은 오해를 살 일도 없고, 원망을 들을 일도 없으며, 다툴 이유도 없다고 입버릇처럼 말하곤 하였다.

인도에서 시작한 외교관의 첫 발걸음

반기문은 외교관이 된 뒤 첫 임지로 인도를 골랐다. 그런 탓에 비동맹 국가와 외교하느라 고생을 많이 하면서 외교관 생활을 시작했다. 그러나 행운도 따랐다.

인도 한국대사관에 근무할 때 영어를 잘하는 외교관으로 노신영 대사의 눈에 띄었다. 그가 국무총리를 맡으면서 반기문을 비서관으로 기용한 것이다. 그 뒤 김영삼 정부 후반기인 1996년 3월부터 3년여 동안 대통령 의전 수석비서관과 외교안보 수석비서관을 지냈다. 그때 그를 아끼는 몇몇 사람들이 걱정을 하였다.

“정권이 바뀌면 피해를 볼지 몰라.”

“청와대에 너무 오래 있지 않은 게 좋을 게야!”

그러나 그의 대답은 분명하였다.

“나라의 부름을 받은 공무원이 어떻게 부여된 임무를 거부하는가?”

그의 이런 직업 정신은 정권이 바뀐 뒤에도 인정을 받았다.

김대중 정부 들어서도 국제원자력기구IAEA 등 주요 국제기구가 많아 요직으로 꼽히는 지역인 오스트리아 주재 대사로 나갔다가, 다시 외교부 차관으로 돌아왔다.

반기문은 김영삼 → 김대중 → 노무현 대통령으로 이어지는 3대 정권에서 외교 관련 요직을 맡는 진기록을 세웠다. 이는 단순히 성실하게 업무를 추진하였다고 해서 된 일은 절대 아니다.

뛰어난 외교적 감각 못지않게 정치 감각도 탁월하였기 때문에 가능하였다는 평가를 받고 있다.

반기문은 3대 정권을 거치는 동안 정권의 핵심 세력으로부터 묘한 말을 들었다.

"반기문, 그는 우리 편은 아니야."

"그렇다고 저쪽 편도 아니지."

그런 말을 들을 정도로 균형 감각이 공정하고 분명하였다.

외교가에서는 인정 많고 친절한 사람으로 통한다. 외국에 나가 있는 대사를 포함한 부하 직원들에게 친필 편지를 보내 격려하는 자상함이 있다.

모두가 함께 일하는 동지들이다.

그래서 '반기문은 적이 없는 사람' 이라는 말을 듣는다.

02 위기를 기회로 극복

비교적 평탄하게 공직 생활을 해온 반기문에게도 위기는 있었다. 2001년 2월이다. 외교통상부 차관 자리에서 갑작스럽게 물러나게 된 것이다. 당시 청와대에서 후임 장관을 내정해 놓고 강하게 밀어붙이면서 그 불똥이 반기문에게도 떨어졌다.

"정말 눈앞이 캄캄했다. 죽고 싶을 정도였다. 나를 위해 사적으로는 단 1시간도 쓴 일이 없을 만큼 외교관 생활 30여 년을 몰두한 나였다. 그런 나에게 날벼락이 떨어진 것이다."

사건의 전말은 이러하다.

한국과 러시아의 정상 회담 결과를 공동성명으로 발표하게 되었다.

공동성명 내용 가운데 우리나라 정부가 '탄도탄 요격 미사일 조약ABM'을 지지하는 내용이 포함되어 있었다. 이에 대해 미국에서 즉각 강력 항의하는 사태가 벌어졌다. 원래 ABM 조약은 1970년 미국과 러시아가 맺은 것인데, 두 나라는 각기 미사일 방어 시스템을 구축하지 않는다는 것이 핵심이다.

그러나 2000년 세계 정세가 바뀌면서 미국은 이 조약을 일방적으로 파기하고 '미국 미사일 방어체계NMD'를 만들었다.

미국은 한국이 자기들 손을 들어주지 않고 러시아를 따른다고 생각하여 우리 정부에 강한 불만을 터뜨렸다.

이 사건은 결국 한국과 미국의 우호 관계에 찬물을 끼얹는 것으로 나타났다.

그 책임이 외교통상부 장관과 차관에게 쏟아졌다. 이로 인해 장관과 차관이 동시에 물러나고 말았다.

탄도탄 미사일로 날벼락을 맞고

외교관으로 승승장구해온 반기문에게는 처음으로 겪는 엄청난 충격이었다.

"그 사건은 내 인생에서 첫 시련이었다."

외교통상부에서 밀려난 그는 실업자가 되었다. 억울하기 이를 데 없었다. 그렇다고 공동성명 작성자를 상대로 항의할 수도 없는 노릇이다.

그는 억울한 마음을 추스르고 있다가 외교안보연구원에 일자리를 얻었다. 외교 무대로 다시 돌아가기 위해 쓸개를 맛보듯이 괴롭고 어려움을 참으면서 와신상담하고 있었다.

ABM 조약 사건 이후 외교통상부 장관에 취임한 한승수 장관이 반기문을 불렀다.

"유엔 총회 의장 비서실장을 맡아주시오!"

한 장관은 당시 유엔 총회 의장을 겸직하고 있었다. 유엔 총회 의장은 대륙별로 돌아가며 맡는 자리였는데, 마침 한 장관에게 돌아왔던 것이다.

그러나 한 장관은 대한민국 외교통상부 장관으로서의 막중한 직무 때문에 자리를 오래도록 비울 수가 없어서 반기문을 찾은 것이다.

반기문은 외교통상부 장관의 발탁으로 유엔 총회 의장 비서실장이 되었다. 그 자리는 외교통상부 안에서 실장이나 국장을 마친 뒤 가면 적당한 자리였기 때문에, 차관 출신으로서는 좌천이나 마찬가지였던 셈이었다.

반기문은 그때를 이렇게 되돌아보았다.

"공직 생활을 마감해야 하는 게 아닌가? 하고 무척 고심하였다. 하지만 묵묵히 일해 결국 새옹지마塞翁之馬가 됐다."

새옹지마는 인생의 좋고 나쁜 일이란 돌고 도는 것이라 무상하여 미리 예측할 수 없다는 뜻이다.

좌천된 자리가 행운의 찬스

반기문은 유엔 총회 의장 비서실장 자리가 유엔 안팎의 흐름을 미리 익힐 수 있는 기회이기 때문에, 장차 유엔 사무총장에 도전할 자양분을 키울 수 있는 자리라고 생각하고 열심히 수행하였다.

그는 또 2004년 6월에도 뜻하지 않은 시련을 맞았다.

이라크 무장 단체들이 선교 활동을 하던 한국인 목사를 살해한 '김선일 피살 사건'을 일으킨 것이다.

이때 외교통상부 장관으로 있던 반기문은 책임을 지고 장관직에서 물러나겠다고 사표를 제출하였다.

하지만 노무현 대통령이 사표를 돌려주면서 붙잡아 유엔 사무총장에 도전할 수 있는 기회를 만들어 주었다.

그래서 '반기문은 관운官運이 좋은 사람'이라는 말을 들었다. 하지만 관운뿐 아니라 타고난 체력과 치밀한 업무 능력이 오늘의 그를 만들어 준 바탕이다.

할아버지 총장으로 한 해의 3분의 1이나 되는 130여 일 동안 지구촌을 돌면서 유엔 사무총장의 업무를 수행하고 있다. 그런 강행군을 하면서 단 한 차례도 아픈 적은 물론 심한 피로도 느낀 적이 없다고 말한다.

"내가 하는 운동이라곤 집무실 안을 걸으면서 생각을 정리하는 게 전부다."

치밀하게 업무를 추진하고 꼼꼼하게 처리한다 하여 '반 주사'라는 별명이 붙었다.

그의 고향인 충북 음성군과 중·고교를 다닌 충주시의 반씨 집안에선 부모가 자식을 가르칠 때 이런 이야기를 자주 한다.

"기문이처럼 돼야 한다."

"기문이처럼 가르쳐라!"

이 말은 지금 반씨 가문의 새로운 전통처럼 전해지고 있다.

03 세계 평화를 위한 헌신

반기문 유엔 사무총장은 지금 무척 바쁘게 움직인다.

대한민국 외교통상부 장관으로 있을 때보다 지금은 열 배나 더 바빠졌다.

유엔본부에서 열린 취임식에서 반기문 사무총장은 세계를 향하여 위대한 선서를 엄숙하게 하였다.

"어떠한 정부나 외부 권력의 지시를 받아들이지 않고,

오직 유엔의 관점에서 충성과 분별력, 양심을 다해

사무총장의 의무를 성실히 이행하겠다."

동방의 작은 나라 대한민국은 유엔의 결의로 나라를 세우고, 유엔의 결의로 공산 세력의 남침을 막은 민주국가이다. 그런 나라의 외교관이 이제 유엔의 최고 지도자로 세계 평화를 위하여 헌신하고 있다.

반기문 개인은 물론이고 대한민국의 외교관, 국민들이 모두 함께 즐거워할 만한 역사적인 사건이다.

화장실 갈 틈도 없을 만큼 바쁘다

뉴욕에 체류하고 있는 반기문 총장은 정말 눈코 뜰 새 없이 바쁘다.

"한국에 있을 때보다 10배 정도는 더 바빠진 것 같다. 화장실 갈 틈도 없을 정도로 날마다 일정이 빡빡하다."

그의 바쁜 일정은 바로 강행군으로 인한 숨찬 목소리 속에 고스란히 담겨 있다.

미국 로스앤젤레스 신문은 '북한의 핵核 위협으로 취약해진 한국의 경제 기적'이라는 기사를 내보냈다.

이 보도는 바로 세계의 분쟁과 평화를 관리하는 유엔 사무총장으로서의 역할을 강조하는 메시지이기도 하다.

이에 대해 반기문 총장은 이렇게 역설하였다.

"북한의 핵 실험은 동북아 지역뿐만 아니라 국제사회의 평화와 안전에 큰 위협이다. 유엔 안보리가 북한에 대한 제재 결의안을 만장일치로 채택함으로써, 북한의 핵 보유를 용인하지 않겠다는 국제 사회의 일치된 메시지를 이미 전달했다."

국제 평화와 안전 유지를 주요 임무로 하는 유엔 사무총장으로서 이 문제의 심각성을 크게 느끼고 있다.

유엔 사무국 부서장들과 북한 핵 문제를 어떻게 다루어 나갈 수 있을지 의견을 나누고, 관련 국가들과 긴밀한 협의 체제를 유지하고 있기 때문에 평화적 방법으로 북한의 핵 폐기 문제를 풀어 나아갈 것으로 세계가 기대하고 있다.

반기문 총장은 이에 대해 언론과의 인터뷰에서 이렇게 밝혔다.

"사실 북한의 핵 보유 자체를 놓고 대한민국 정부와 국민들은 큰 걱정을 하고 있으며, 이로 인한 안보의 우려도 크다. 그러나 한국은 경제와 사회가 안정성을 거듭하면서 국가와 사회의 힘이 크게 자라고 높아졌다. 그래서 북한의 핵 위협에도 상당히 의연하게 대처하고 있다고 생각한다. 북한의 핵 보유 문제는 우려는 해야겠지만, 두려워할 필요는 없지 않나 생각한다."

대한민국의 1950년 당시와 2011년은 하늘과 땅 차이만큼 엄청나게 벌어졌다.

1950년에는 북한 공산군의 남침으로 6·25전쟁이 일어나고 한

반도가 잿더미로 변했다. 그러나 지금은 세계 10위권의 강한 나라로 발전하였다.

반기문은 2007년 1월 2일, 유엔 사무총장으로 취임한 후 많은 개혁을 단행하면서 보다 활기 넘치는 유엔 본부로 거듭나는데 열정을 쏟았다.

업무를 인수인계하는 데만 유례없이 두 달이 넘게 걸렸다. 그만큼 복잡하고 일이 많다. 그런데도 유엔이라는 거대한 조직을 구석구석 살피기에는 시간이 부족하였다.

나름대로 현재 유엔의 조직과 업무 방식이 안고 있는 문제점들을 면밀히 검토하고, 문제 해결과 업무 방식 개선을 위한 방안을 찾아내려고 고민하였다.

그 결과 유엔 조직을 새롭게 이끌어갈 리더십 구조를 확정 짓는 문제가 가장 시급하다는 결론을 내렸다. 사무 부총장과 비서실장부터 먼저 선정하였다. 그리고 각 부서별 사무차장과 사무차장보 등 고위인사 선정을 마무리해 나갔다.

이렇게 함으로써 유엔 본부의 조직을 새롭게 바꾸었다.

아프리카 수단 다푸르 지역의 종교 분쟁, 중동 평화협상 등 지역 분쟁 해결도 미룰 수 없는 급한 문제들이다. 인도적 지원이 필요한 지역들도 돌아봐야 한다.

어느 한 나라의 일이 아니라 190개국이 넘는 회원국을 거느린 탓에 가 봐야 할 곳, 손대야 할 곳들이 너무나 많다.

유엔은 지구촌에서 갑자기 터지는 긴급 위기상황 관리만 하는 한가로운 기구가 아니다.

질병 퇴치, 환경 개선, 에너지 등 미래를 향한 비전을 다지고 해결해 나가야 할 일들이 너무나 많다.

그뿐만이 아니다. 핵, 미사일 등 대량 살상무기WMD의 확산을 방지하고, 마약 거래, 자금세탁 등 범죄 활동도 막아야 하며, 지구 온난화 등 세계 평화와 인류의 행복을 위협하는 요소들에 대한 국제적 대응도 주도적으로 이끌고 수행해야 한다.

이런 일들에 대해서 사무총장으로서 우선순위와 비전을 가지고 대처해 나가는데 신경을 썼다.

그렇게 일을 밀어붙이자, 유엔 본부 여러 부처 사람들도 덩달아 바쁘게 움직였다.

단군 이래 대한민국 사람으로 유엔 사무총장에 오른 사람은 반기문이 처음이다. 유엔과 한국은 매우 밀접한 관계 속에서 서로를 발전시켜 왔고, 우리 국민들이 유엔에 대한 애착과 생각 또한 매우 특별하다. 그런 것을 누구보다도 잘 알고 있는 반기문 총장이기에 대한민국 정부와 국민에게 바라는 것도 크다.

"내가 유엔 사무총장에 선출될 수 있었던 것도

우리 국민의 격려와 성원이 있었기에 가능했다.

앞으로 국민 여러분의 변함없는 지지를 부탁드린다.

다만, 반기문은 한국의 유엔 사무총장이 아니고

세계의 유엔 사무총장인 만큼, 이런 점을 감안하여

사려 깊은 지지와 성원을 보내주기 바란다."

청소년들의 우상이 되고

반기문 총장은 취임 후 열 달 가까이 월도프 아스토리아 호텔에서 생활하며 출근하였다. 사무총장 관저를 수리한 탓이다.

장기간 동안 호텔 투숙으로 경호, 식사, 행사 개최 등 여러 측면에서 불편함을 겪었다. 그러나 많은 사람들의 배려로 무사히 잘 지냈다.

한국 청소년들의 우상으로 떠오른 반기문 총장은 우리 청소년들과 젊은이들에게 꿈과 용기를 심어주는 메시지를 보냈다.

"젊은이들이여, 야망을 가져라. 유엔 및 국제기구에 많이 진출한다면, 한국 국민들의 성숙한 세계 시민의식 형성에 크게 기여할 수 있을 것이다. 한국은 세계 제10위권의 경제 대국이다. 국제사회에서 이에 걸맞은 책임과 역할을 주도적으로 수행해 나가야 한다. 우리 민족에게 당면한 한반도 문제 해결뿐만 아니라 유엔이 추구하는 세계 평화와 안전, 개발, 인권 증진이라는 인류 보편적 가치와 이상 실현에 좀 더 적극적으로 참여할 수 있도록 지혜와 능력을 길러야 한다. 준비하고 노력하는 사람에게는 길이 열린다."

그가 외무부 유엔 과장을 할 때의 일화 한 토막이다.

"유엔 총회에서는 한국 문제를 더는 토의하지 않는다는 쪽으로 방향이 잡혔다. 어쨌든 그걸 위해 노력했다. 같은 한반도 문제에 대해 남과 북이 제의한 상정안이 똑같이 채택되어서 결의된다면 생산적이 아니기 때문이다. 그 이후에는 남북한 외교 대결이 '비동맹 외교' 무대로 옮겨졌다. 1975년 리마에서 첫 시련을 겪었다. 리마 비동맹 외상회의에 우리 정부가 비동맹 가입을 신청했는데, 우리는 안 되고 북한은 가입되었다. 외교상 굉장히 가슴 아픈 사건이다. 그 일로 당시 외무부 장관이 물러났다. 우리가 상당히 불리한 게임을 한 탓이다.”

리마 비동맹 외상회의 이후 대한민국은 외교 방침을 수정했다. 비동맹 무대에서 북한이 계속 한국 문제를 들고 와서 한국을 비난한 탓에 비동맹 외교의 중요성으로 유엔 외교를 바꾼 것이다.

대한민국 외교의 모든 힘을 대부분 비동맹 외교에 쏟았다고 해도 지나친 말이 아닐 정도였다. 그런 나라 대한민국에서 유엔 사무총장이 나왔으니 대한민국 정부의 위상이 달라진 것이다.

04 최초의 미국 동맹국 사무총장

반기문은 37년간의 외길 외교관 생활을 발판으로 유엔 사무총장이란 큰 임무를 맡아 성실하게 수행하고 있다.

"사실 외교관의 길은 길고도 험난한 세월이었다. 그동안 수많은 희로애락을 숱하게 겪었다. 외교부를 떠나 세계 무대로 나오니 나 혼자 모래벌판에 내동댕이쳐진 느낌이 들었다. 이제는 국적, 문화, 언어가 다른 외국 사람들을 상대로 화합하면서 조직을 이끌어 나가는데 힘쓰고 있다. 이건 전혀 다른 새로운 경험이고 미지의 세계로 빠져드는 것 같은 느낌이 든다. 솔직히 두려움이 크다."

유엔의 60년 역사에서, 미국의 동맹국에서 유엔 사무총장을 맡은 것은 반기문이 처음이다. 그래서 선출 과정 때부터 '미국의 동맹국 후보'라는 오해를 받았다. 예상 밖의 한계에 부딪혔고 이를 극복하고 당선되었다.

냉전 시대 때는 감히 생각도 못할 일이다. 냉전이 해소되면서 국제사회가 세계화되어 가는 과정이고, 상호 의존도가 깊어가는 상황이라는 흐름을 절묘하게 이용하였다. 하지만 미국의 동맹국으로서 유엔 사무총장이 된다는 자체는 매우 어려운 일이었다. 그러나 대한민국의 눈부신 경제력과 놀라운 외교력이 큰 힘이 됐다.

대한민국은 전 세계 모든 나라들과 우호 관계를 수립하고 지켜가고 있다. 유엔 회원 국가 192개 나라 가운데 우리나라와 수교를 안 한 나라는 불과 네 나라뿐이다. 그만큼 우리의 외교력이 크고 넓어졌다.

"나는 외교관 생활을 시작한 이래 미국은 물론이고 중국·러시아·프랑스·영국 같은 나라와 긴밀한 관계를 맺었다. 상대방이 나를 믿고 나 또한 상대를 신뢰할 수 있는 관계를 쌓아왔다. 그것이 큰 힘이 되어 사무총장에 오를 수 있었다."

반기문은 아프리카 르완다에서 유엔의 사명을 확인하고 크게 깨달았다. 르완다에서 한국의 '새마을 운동'을 열심히 하는 것을 보았다. 이와 더불어 아프리카 여러 나라들은 한국에 대해 무척 좋은 이미지를 갖고 있다는 사실을 실감했다.

르완다 외무장관이 한국을 방문한 데 따른 답방 형식으로 르완

다를 찾아간 일이 있다.

인종 분쟁으로 불과 100일 사이에 100만 명이 학살당하는 참극이 벌어진 나라다. 그때 유엔이 신속하게 조치를 취했더라면, 그런 대학살을 막을 수 있을 텐데 하는 걸 느꼈다. 빈 라덴이 알카에다 테러 조직을 통해 2001년에 일으킨 미국의 9 · 11 테러 때는 4,700명의 인명이 희생을 당했는데, 이곳에서는 9 · 11 테러와 같은 일이 하루에도 세 번씩 100일간 계속됐다는 이야기를 듣고 무척 놀랐다. 그때의 처참한 대학살을 '르완다 대학살 기념관' 으로 만들어 전하고 있다.

유엔 사무총장 선거를 하는 과정에서 유엔이 얼마나 큰일을 할 수 있는지, 르완다의 사례를 들어 이야기하여 많은 호응을 얻어냈다.

반기문은 사무총장실의 문턱을 낮추었다. 유엔의 중요한 기능은 다양하지만, 그중에서도 첫 번째가 평화를 유지하고 분쟁을 해결하는 일이고, 두 번째가 경제개발을 도와주고 인권을 신장하는 일이다.

지역 분쟁이 거칠어지고 많아지면서 유엔의 평화 유지 기능을 강화해야 한다는 의견들이 봇물처럼 쏟아졌다.

전 세계적인 평화 체제를 유지하는 것은 현실적으로 매우 힘들고 어려운 문제다. 유엔이 분쟁 해결을 위한 결정을 했음에도 불구하고, 주권을 앞세워 해당 국가가 유엔의 권능을 인정하지 않는 경우가 있다. 또한, 해당 국가의 자체 능력이 없어서 심각한 인권 침해나, 대량 학살에 적절한 조치를 취하지 못하는 경우도 생기기 때문이다.

적게 말하고 많이 듣는다

반기문은 유엔 사무총장직 수락 연설문에서 감동적인 메시지를 전달하여 많은 회원국들로부터 찬사를 받았다.

"모든 당사자들에게 쉽게 접근할 수 있는 총장이 되어서 분쟁 해결에 기여하겠다."

반기문의 약속은 성실하게 진행되고 있다.

"나는 대한민국의 외교관과 외무부 차관, 장관, 청와대 외교안보 수석 등을 지내면서 되도록 많은 사람들을 만나서, 세상 살아가는 이야기를 많이 들으려 했다. 직책상 일정을 관리하는 데 어려움이 많았지만, 시간을 쪼개서 사람들의 이야기에 귀를 기울여왔다. 그런 나의 습성은 유엔 본부에서도 마찬가지로 이어진다. 서로가 마음을 열고 귀를 열면 뜻은 통한다. 진지하게 마음을 털어놓으면 풀리지 않을 일이 없다. 이는 바로 내 생활의 철학이다."

05 우리 모두 국외로 눈 돌리자

우리는 '우물 안 개구리'라는 말을 너무 많이 듣는다.

세계는 하루가 다를 만큼 빠르게 변한다. 그런데 우리는 너무 국외를 눈여겨보지 않고 안으로만 눈을 돌리려는 경향이 있다.

우리는 너무 나라 안 일에만 우선하고, 외국 일에 대해서는 신경을 거의 안 쓰는 편이다. 세계가 돌아가는 글로벌 이슈를 공부해야 한다. 그래야 선진국들과 어깨를 나란히 견줄 수 있다.

반기문 총장은 이런 말을 했다.

"나는 외교관을 한 탓에 외국 지도자들과 만나는 일이 많았다.

그들과 이야기를 하다 보면 우리는 '준비가 안 돼 있거나 덜 되어

있다'는 것을 느낄 때가 가끔 있었다.

　외교관인 내가 느끼는 것이 그럴진대 기업을 하는 사람들, 학문을 하는 학자들, 예술 분야에 종사하는 이들은 오죽 답답하겠나 하는 생각이 든다."

가슴은 한국에 머리는 세계에

반기문 총장은 젊은 외교관들에게 가끔 이렇게 강조하곤 했다.

"가슴은 한국에 두지만 시야는 세계에 두자."

이제 대한민국을 배우려는 나라들이 많아졌다. 따라오는 나라들이 많다는 이야기이다. 앞서 가는 사람을 따라가기는 쉬워도 따라오는 사람들을 보면서 앞을 계속해서 지켜 가기는 정말 어렵다. 그래서 우리가 가야하는 길은 더욱 힘들고 어려워졌다.

우리와 비슷한 국력의 나라와 비교하면 대한민국의 외교관 규모가 3분의 1 정도에 불과하다. 우리는 말 그대로 소수의 외교관들이 몸으로 때우는 외교이다.

다른 선진국처럼 철 따라 가고 싶을 때 휴가 가고, 출퇴근한다면 한국 외교에 구멍이 날 것이다.

반기문 총장은 외교통상부 장관 3년 하는 동안 딸 결혼 때문에 잠깐 다녀온 것 빼고는 휴가를 못 갔다. 한 가정의 가장으로서, 아버지로서는 낙제선 아래에 머물러 있다.

두 마리 토끼를 쫓는다는 것은 무척 어려운 일이다.

지금은 국제화 시대이다. 따라서 청소년들에게는 국제 무대가 활짝 열려 있는 셈이다. 대문이 열려 있다고 누구나 들어갈 수는 없다. 들어갈 수 있는 자격과 능력을 길러야 한다.

세계 무대를 열 수 있는 열쇠는 바로 자신의 손에 들려 있다. 그 열쇠를 마음껏 활용할 수 있는 실력을 길러야 한다.

실력만 갖춘다면 국제 무대의 두터운 문을 쉽게 열고 들어갈 수 있고 또한 주인공이 될 수 있다. 그 길은 자신의 노력에 달려 있다.

열정은 성공의 열쇠이다

04

행운의 날개

01 큰 복을 타고난 사람

반기문을 가리켜 '큰 복을 타고 난 사람'이라고 흔히들 말한다.

"큰 복을 타고 났다고? 그건 아닌데…."

그러나 반기문의 대답은 아니라는 것이다.

부잣집 아이들은 행운을 타고난다고들 한다. 그렇다고 부잣집 아이들이 모두 행운아가 되는 것이 아닌 것처럼 말이다.

부잣집 아이들은 단지 태어나고 자랄 때의 환경이 남보다 좋다는 것뿐이다. 행운은 누가 선사하는 것도 아니고, 그렇다고 하늘에서 뚝 떨어지는 것도 아니다. 오직 자기 스스로의 노력으로 행운의 탑을 한 층 한 층 높게 쌓아가는 것이다.

대한민국 외교통상부 장관이 지구촌의 유엔 사무총장으로 최종 선출되기까지는 정부의 전폭적 지원이 따랐지만, 그에 앞서 반기문 자신의 능력과 노력으로 일궈낸 결실이다. 여기서 운도 따랐다는 말이 통한다.

행운의 여신이 반기문을 외면하지 않고 돌봐 주었다는 뜻이다. 유엔 사무총장직에 도전하겠다는 뜻을 공개적으로 밝혔던 홍석현 전 주미대사가 돌발적 사건이 터지는 바람에 물러나고 그 후임자로 반기문이 들어섰다.

여기에는 몇 가지 흥미로운 사례들이 전해지고 있다.

첫 번째 사례는 미국에서 생겼다.

반기문은 외교통상부 장관으로 뉴욕에서 열린 에이즈AIDS 유엔 총회 고위급 회의 참석을 계기로 유엔 지역 그룹 인사들과 회동하고 지지를 호소할 계획이었다.

반기문 장관은 그에 앞서 워싱턴에서 이뤄진 스티븐 해들리 국가안보 보좌관과의 회동이 예정된 시간보다 길어지면서 당초 예약했던 뉴욕행 항공편을 놓쳤다. 백악관 측의 특별 차량 에스코트까지 받으며 총알같이 공항으로 달려갔다.

그가 공항 내 탑승 지점에 도착하였을 때 비행기는 이륙을 위해 이미 활주로로 이동하고 있었다. 결국 반 장관은 예정했던 뉴욕에서의 일정 중 하나를 취소한 채 다음 항공편에 탑승했다.

하늘도 그를 도왔다

반기문이 놓친 비행기가 뉴욕에 도착할 무렵 폭풍이 휘몰아치면서 비행기는 워싱턴으로 되돌아갔다. 하늘이 그를 도와주었다.

그 뒤에 공항 주변 기상이 좋아지면서 반기문이 탑승한 비행기는 무사히 뉴욕에 도착했다. 먼저 간 비행기는 워싱턴으로 돌아갔지만 늦게 떠난 비행기는 내렸다.

이렇게 하여 반기문은 선거운동을 할 수 있었다. 만약 반기문이 예정대로 비행기에 올랐더라면 뉴욕에 내리지 못하고 워싱턴으로 되돌아가서 하루 일정을 대폭 축소할 수밖에 없었던 상황이었다.

두 번째 사례는 아프리카에서 일어났다.

감비아 반줄에서 열린 아프리카 연합AU 정상회의에서 반기문 장관을 비롯한 유엔 사무총장 후보들이 연설할 기회가 생겼다.

이런 경우 직책이 높은 사람부터 연설하는 것이 보통이다. 어찌된 일인지 당시 부총리인 태국의 수라키앗 후보 대신 반기문 장관에게 먼저 마이크가 돌아왔다. 그러나 마이크가 제대로 작동하지 않아 반기문은 진땀을 흘리며 힘겹게 연설을 했다.

하지만 다음 순서로 나선 수라키앗 후보 차례 때는 아예 정전이 되면서 회의장은 깊은 밤중처럼 어둠에 잠기고 말았다.

아세안이 미는 유력 후보로서 반기문의 강력한 경쟁자였던 수라키앗은 그 후에도 운이 따르지 않았다. 더구나 그는 태국 군부 쿠데타로 부총리에서 밀려났다.

세 번째 사례는 너무나 극적인 상황이 벌어졌다.

반기문은 아프리카 연합 회의에 참석한 후 브라질, 멕시코, 엘살바도르 등 중남미 국가들을 잇달아 방문할 계획이었다. 아프리카 일정을 소화한 후 귀국하지 않고 유럽을 거쳐 곧바로 첫 방문지인

브라질에 갈 예정이었다. 그런데 갑자기 브라질 현지 사정으로 양국 외교장관 회담을 가질 수 없다고 알려왔다.

이에 따라 반기문은 일시 귀국했다가 다시 멕시코, 엘살바도르를 방문해 두 나라 외교장관들과 회담을 갖기로 했다.

일시 귀국한 반기문은 당시 북한 미사일 발사 관련 동향이 심상치 않게 전개된 데다가 한국의 독도 주변 해류조사로 한국과 일본 사이에 신경전 가능성이 불거지면서 중남미 방문 일정을 통째로 무기한 연기할 수밖에 없었다.

결국 북한은 미사일을 쏘아 올렸다. 만약 한국 외교의 책임자인 반기문 장관이 그날 중남미를 방문하고 있었다면 여론의 집중 공격을 당하고 말았을 것이 뻔하다. 반기문은 브라질 덕분에 그 역사적인 순간 서울에서 외교부 청사를 지킬 수 있었다.

네 번째 사례는 역술인들의 점괘였다.

반기문은 한국과 중국 역술인으로부터 편지를 받았다. 편지에는 반기문 장관이 유엔 사무총장에 당선될 것이라는 희소식이 담겨 있었다. 반기문에 대한 기본 데이터 등을 근거로 역술인들이 당선 예언을 점쳐준 내용이다. 결국 그 예언이 적중했다.

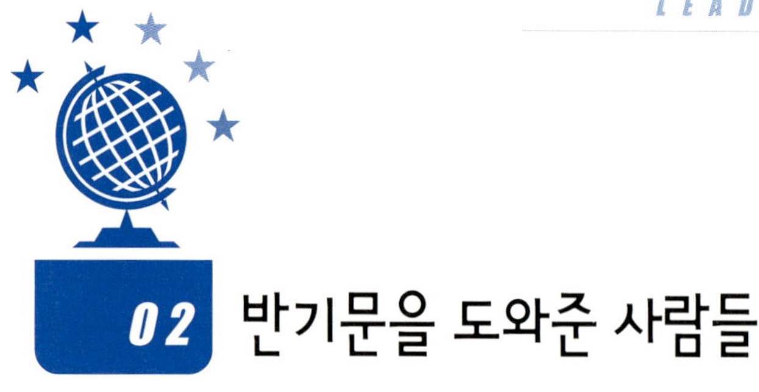

02 반기문을 도와준 사람들

돼지를 기르며 공부하던 시골 소년 반기문이 유엔 사무총장으로 당선되어 총회 인준을 거쳐 사무총장으로 임명되기까지는 숨은 공로자들의 움직임도 한몫했다.

대한민국이라는 브랜드 가치가 국제 외교무대를 움직였다. 조용한 캠페인 전략을 묵묵히 수행한 외교통상부 당국자들의 숨은 노력은 결코 가볍게 여길 수 없는 부분으로 꼽힌다.

우선 외교부 안에서 이규형 2차관을 중심으로 각 실국 간부들이 선거 전략을 협의하고 손질하는 작업을 벌였다. 일종의 선거 지원본부를 만든 것이다. 선거전을 위한 커다란 밑그림을 그려놓고 각 지역을 담당한 국장 또는 심의관, 보좌관 등이 수시로 회의를 열었다.

이 회의에서는 안전보장이사회 이사국들의 동향을 분석하고 그에 따른 선거 전략을 세우는 한편 선거운동의 각종 실무를 지원하고 나섰다. 이와 함께 사무총장 선거 업무를 전담하는 팀을 만들었다. 이 팀에서 장관 특별보좌관, 국제연합과장, 국제연합과의 서기관 등이 움직였다.

외교부 대변인실에서도 전 세계 언론의 관심사인 사무총장 선거 전 과정에서 국제 언론의 동향을 분석하고, 선거정책에 반영하는 한편 각종 언론과의 인터뷰를 주선하는 등 반기문의 이미지를 높이고 홍보하는데 힘썼다.

유엔 사무총장의 선출은 안보리 이사국 15개 나라가 결정한다. 그 중에서도 미국, 영국, 중국, 러시아, 프랑스 다섯 나라로 구성된 상임 이사국 가운데 한 나라만 반대해도 사무총장은 될 수가 없다. 이른바 비토Beto라고 불리는 거부권을 행사하는 나라가 나오면 안 되는 것이다.

반기문은 1차 예비 투표에서 1위로 올라왔다는 사전 연락을 프랑스 외교장관으로부터 들었다. 그때 이미 프랑스어 회화를 개인 교습을 통해 익혀둔 터라, 프랑스 외교장관과의 전화 통화에 막힘이 없었다.

"오! 반 장관, 프랑스어 실력이 대단하군요."

예비 투표 1위라는 비밀을 미리 알려준 프랑스 외교장관은 반기문의 프랑스어 실력에 감탄한 것이다. 이처럼 여러 사람들이 한 마음으로 대한민국의 외교관 반기문을 세계의 대통령이라는 유엔 사무총장으로 만들기에 힘을 쏟았다.

03 고향과 모교 '경사났네'

반기문 외교통상부 장관이 유엔 사무총장으로 선출되자 반 총장의 고향인 충북 음성군 원남면 상당1리 행치마을, 광주반씨潘氏 집성촌과 충주시 자택, 그리고 모교인 충주중·고교에서는 큰 경사가 났다며 환호했다.

반기문 총장의 어머니 신현순 여사는 반 총장의 여동생과 함께 축하 전화를 받느라고 무척 바빴다.

신 할머니는 "아들의 소원이 이뤄져 너무 행복하다. 어려서부터 어느 한 구석도 흠잡을 데 없는 훌륭한 아들이었다."라며 대견스러워 했다.

여동생은 "어머니가 하루도 빠짐없이 새벽에 집에서 기도하고 아침에 절에 가서 오빠의 유엔 사무총장 당선을 기원하는 불공을

드렸어요. 어머니의 정성이 결실을 봤습니다. 가문의 영광이자 대한민국의 자랑이죠."라고 기뻐했다.

행치마을 주민들은 '반기문 유엔 사무총장 당선' 경축 플래카드를 걸고 축하잔치를 벌였다.

행치마을은 자동차로 음성 읍내에서 청주 방향으로 10분쯤 달리면 행치재 휴게소가 있고, 여기서 우회전하면 이 마을이다. 이 마을은 광주반씨 집성촌답게 전체 17가구 중 16가구가 반씨다. 주민들은 "반기문 장관의 유엔 사무총장 당선은 행치마을의 경사이자 대한민국의 경사"라며 즐거워했다.

행치마을 돌 족보는 세계적인 기념비

행치마을 한가운데에는 가로 7m, 세로 3.5m의 큰 돌로 만든 '광주반씨 장절공 행치파壯節公 杏峙派 세계도'라는 돌 족보가 우뚝 서 있다. 이 돌 족보에는 1600년대 초 인물로 반씨 가문의 중시조 충忠 할아버지부터 22세손인 두 살 난 국영國英 군에 이르기까지 남자 후손

720명의 이름을 차례로 새겨 놓았다.

또 조상들의 묘를 마을 뒷산에 반듯하게 모셔놓고 제사를 합동으로 지낼 수 있는 재실인 '숭모재'도 세웠다. 반씨종친회 기금으로 장학회도 운영하고 있다.

반기문 총장의 생가는 낡고 오래된 빈집이라 허물어지게 되자 옛 모습 그대로 복원해 놓았다. 그 앞에는 반기문 유엔 사무총장 당선을 축하하는 커다란 돌 시비_{시를 새긴 돌}가 서 있다. 이 시비는 광주반씨 19세 손녀인 수필가 숙자 씨가 광주반씨 20세 손인 반기문을 기리는 내용을 담아 놓았다.

반 총장의 6촌 형 반기종 씨는 "광주반씨 400년 역사 중 가장 큰 경사다. 기문이는 깔끔한 선비 집안의 내력을 그대로 타고났다. 지독한 공부벌레로 유명했다. 할아버지는 한의원을 운영했고, 아버지_{반명환}는 충주농고를 수석 졸업하고 시와 붓글씨를 아주 잘 썼다. 통운회사를 운영하였으나 빚보증을 잘못 서는 바람에 가족들이 고생을 했다. 무척 착해 어려운 사람들에게 돈도 잘 빌려주곤 했다. 그러던 중 1991년에 교통사고로 세상을 떠났다. 작은아버지_{반필환}가 충주시 부시장을 지냈다"라고 집안 내력을 밝혔다.

반기문 총장의 작은 아버지 반필환 씨는 "기문이가 유엔 사무총장에 선출된 뒤 아버님 묘소를 찾아 성묘를 올렸다. 어느 때보다 기쁘고 풍성한 추석을 맞았다."라고 기뻐했다.

후배들이 가장 본받고 싶어 하는 선배로 유명하다.

윤진식 전 산자부 장관은 "내가 충주중학교 2학년일 때 반 총장은 충주고등학교 2학년이었다. 어느 날 교장 선생님이 충주중·고등학교 전교생을 운동장에 불러모았다. 반기문 학생이 미국 적십자사 초청으로 미국을 견학하고 케네디 대통령까지 만나고 온 이야기를 전교생에게 들려주는 자리였다. 그로부터 우리 학교에 훌륭한 선배가 있다는 사실에 모두가 놀랐다. 반기문은 충주중·고교에서 영어 신동이자 신화적인 존재였다"라고 회고하였다.

모교 동문들도 모두 자기들 일처럼 기쁨을 감추지 못했다. 반기문이 외교관의 꿈을 키운 모교인 충주고 재학생과 교직원, 동문들은 "개교 66년 만의 최대 경사"라며 만세를 불렀다.

충주고 한상윤 교장은 유엔 사무총장 선출 석 달 전부터 "교문에 '제19회 졸업생 반기문 외교통상부 장관님의 유엔 사무총장 당선을 기원합니다.' 라는 플래카드를 내걸고 응원했는데 모두의 소원이 이루어져 더할 나위 없이 기쁘다."라고 감격했다.

재학생들은 "대선배님이 유엔 사무총장이 되어 영광스럽고 자랑스러워요. 선배님의 영광을 이어나갈 수 있도록 열심히 노력하겠습니다."라고 다짐했다.

| 반기문 유엔 사무총장

04 열정은 행복을 낳는다

"행복은 가정 안에 있다. 가정 안에서 행복을 찾아내는 사람은 황후이건 농부이건 행복하다."

독일의 시인이자 작가 괴테의 말이다.

우리는 흔히 성공한 사람들은 스스로 행복을 만든 사람들이라고 말한다. 성공은 곧 행복이라는 말이다. 그런데 성공한 사람들을 보면 비슷한 공통점이 있다.

- 머리가 남달리 뛰어난 천재들이다.
- 돈을 많이 벌어 큰 부자가 된 사람들이다.
- 좋은 직장에 들어가 출세한 사람들이다.
- 선거를 통해 높은 자리에 오른 사람들이다.

- 혜성처럼 떠올라 유명해진 스타들이다.
- 남다른 노력으로 훌륭한 예술가가 된 사람들이다.

이런 사람들은 부단한 노력을 줄기차게 쏟고 마침내 성공을 거두어 행복을 일궈낸 시대의 영웅으로 존경을 받는다.

보통 사람들이 말하는 것처럼 행복한 사람이란 곧 돈이 많은 부자인가? 그렇다고 여기는 사람들이 많을 것이다. 그러나 그게 아니다.

반기문은 외교관들 사이에서 지칠 줄 모르는 정력가, 신기록 제조기, 반 주사, 에너지 대사 등 여러 가지 별명으로 통한다.

그는 돈을 벌기 위해서, 높은 자리에 오르기 위해서, 남들을 지배하고 싶은 욕망 때문에 그렇게 억척같이 일한 것이 아니다. 오직 대한민국의 국익을 위해서 피부가 다르고 생각이 다른 외국 사람들을 상대로 어렵고도 까다로운 외교 활동에 몸바쳤다.

신부 아버지가 진짜 장관 맞나?

반기문의 가장 큰 장점은 공公과 사私를 엄격하게 구분하고 책임을 다하는 점이다.

"털어서 먼지 안 나는 사람 어디 있나?"

그러나 반기문은 털고 털어도 먼지가 나지 않는 청렴한 외교관으로 알려진 인물이다. 외교관 생활 30년 만에 전셋집을 벗어나 아파트로 들어갔다.

외교통상부 장관으로 두 딸의 결혼식을 치렀다. 그러나 축하금은 물론 그 흔한 화환도 받지 않고 보통 사람들보다 더 조촐한 결혼식을 올려 화제가 되기도 하였다.

아시아 재단에서 일하는 큰 딸선용의 결혼식을 아주 조촐하게 치른 뒤 곧바로 장관실로 돌아오는 바람에, 신랑 측 하객들로부터 오해도 받았다.

"신부 아버지가 정말 외교통상부 장관 맞나?"

"장관 딸 결혼식이 왜 이렇게 초라한가?"

둘째 딸현희의 결혼식은 더 초라하게 치렀다. 아버지처럼 국제무대로 진출하여 유니세프국제연합 아동기금 직원으로 아프리카 케냐에서 근무 중이라, 현지에서 결혼식을 올렸다. 그런 탓에 청첩은 물론 그 누구에게도 딸의 결혼 사실을 알리지 않았다.

반기문은 단기 휴가를 얻어 케냐행 비행기에 오르면서 차관에게만 딸의 결혼 사실을 알려주었다.

두 딸 모두 아버지의 그늘을 피해 독자적으로 일하겠다며 일터를 골랐다. 작은 딸이 아프리카를 선택하자 온 집안이 발칵 뒤집혔

으나, 끝내 딸의 발길을 잡지 못했다.

그뿐만이 아니다. 아들_{우현}은 해병대로 보냈다. 서울대학교 공대를 나와 미국 캘리포니아 주립대학원에서 석사 과정을 마치자 곧바로 해병대로 보낸 것이다.

아들이 훈련을 마치고 훈련소를 나오는 날, 아버지 자격으로 아들 면회를 갔다.

"청와대 반기문 외교수석이 해병 훈련소에 오셨다고?"

"예! 그렇습니다."

"아무 통보도 주지 않고 도대체 무슨 일인가?"

"훈련을 마친 아들 면회 왔답니다!"

그런 사실을 전혀 몰랐던 해병사령부에서 한바탕 소동이 벌어졌다.

그렇게 공과 사를 엄격하게 구분하고 열심히 정직하게 일한 탓에 세계의 대통령이라고 일컫는 유엔사무총장에 오른 것이다.

유엔사무총장 반기문은 아들_{우현}의 결혼식도 뉴욕에서 조용하게 올렸다. 대한변호사협회 유원석 부회장의 큰 딸_{제영}을 며느리로 맞으면서 가까운 친인척만 초대하여 뉴욕 맨해튼의 한 성당에서 결혼식을 치렀다.

05 의무와 책임을 배워라

"자기 의무를 다한 사람으로서 세상에 대하여 불만을 가진 사람은 없다."

이 말은 영국의 은행가 러버크 에이버리가 인간의 의무에 대하여 한 말이다.

우리들이 사회생활을 하는데 있어서 주어진 의무와 책임은 매우 중요한 역할을 한다. 의무와 책임을 다하는 사람이 많은 사회는 밝고 아름답다. 그러나 의무를 이행하지 않고 책임을 질 줄 모르는 사람들이 많은 사회는 어둡고 부패한 사회가 된다. 민주주의 국가에서는 의무와 책임을 매우 중요하게 여긴다.

의무는 법률로 반드시 이행하도록 정해놓은 것이고, 책임은 맡은 일에 대하여 잘못이 생길 경우 받도록 하는 사회적 약속이다.

의무는 반드시 해야 한다는 윤리 도덕적인 권장 사항이지만, 책임은 발생하는 일에 대하여 법률, 정치적 제재가 따른다.

사실, 의무와 책임을 말하기는 쉬워도 이행하기는 어렵다. 인간으로서의 가장 큰 의무는 신으로부터 받은 지혜의 빛을 될 수 있는 한 빛나게 하는 것이라는 말이 있다.

"어린이에게는 의무와 책임을 가르쳐라!"

어릴 적부터 의무를 익히고 책임감을 배우며 자란 사람이 사회에서도 선행을 한다는 것은 동서고금을 가릴 것 없는 사실이다. 그런데 우리들 주변에서는 자기의 의무를 이행하기 전에 권리부터 따지는 경우가 흔하다.

우리 부모들 가운데는 자기의 아이가 잘못을 저질렀는데도 그걸 남의 탓으로 돌리려는 사람들이 가끔 나타난다.

많은 사람들이 모인 공공장소에서 혼자 떠들거나 마구 뛰어다니는 어린이들을 볼 수 있다. 어린아이는 주변 상황이 신기하여 그럴 것이다.

그러나 그런 아이들을 조용히 하라고 타이를 뿐 나무라는 경우는 거의 없다. 아이들이니까 당연하다는 태도이다.

현재 민주주의 국가에서는 모든 조직이 하나같이 의무와 책임을 가장 강조한다. 특히 초등학교 때부터 의무와 책임을 바르게 가르쳐야 한다는 목소리가 높다.

그 까닭은 간단하다.

"의무를 다하지 않은 사람은 책임도 질 줄 모른다!"

그래서는 안 된다는 것이다.

안중근 의사를 존경하며 애국심 길러

반기문은 안중근 의사의 불타는 애국심을 배우며 자랐다.

일본이 간악한 수법으로 우리나라를 약탈하여 식민지로 만들고 우리 국민들을 핍박하던 잔인함을 초·중·고교를 다니면서 배웠다.

조국이 해방된 뒤 다시 남북으로 갈라지고, 드디어는 6·25전쟁이라는 엄청난 회오리를 맞았다. 그 처참한 전쟁의 와중에서 학교 건물이 파괴되어 천막으로 지은 가건물의 초등학교를 다녔다.

"전쟁은 무섭다! 유엔군의 도움이 없었더라면 우리는 공산화되고 말았을지 모른다. 외교의 힘을 길러야 한다."

초등학교 시절의 소년 반기문은 유엔군들을 보면서 막연하나마 외교의 힘이 필요하다는 생각을 가졌다.

그때 초·중·고교에서는 유난스럽게도 반공과 애국심을 강조하고 있었다. 공산군의 남침으로 인하여 당연하게 일어난 현실이었다.

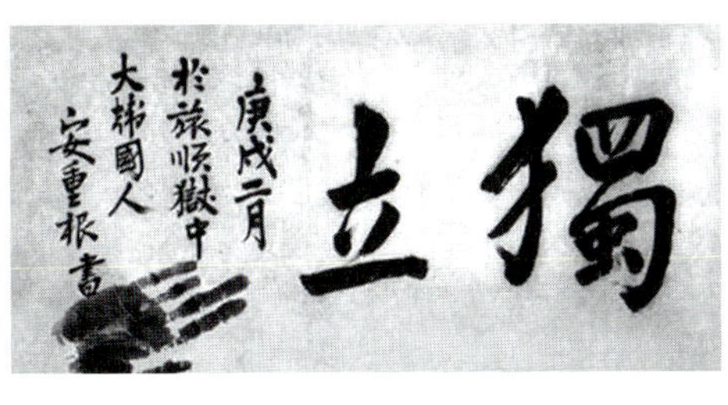

애국심을 본받게 하는 역사의 인물들이 많았다. 그 가운데 안중근, 유관순 의사도 포함되어 있었다.

우리는 모두가 안중근 의사의 애국심을 존경한다. 그러나 안중근 의사의 어머니 조마리아 여사의 결연한 의지는 잘 모르고 있다.

안중근 의사가 이토 히로부미이등박문를 저격하고 일본 경찰에 체포되어 심문받을 때 안 의사의 어머니도 끌려가서 조사를 받았다.

그때의 일화이다.

"당신 아들이 우리의 영웅 이토 공작을 살해하여 큰 변란이 일어났다."

"당신들의 영웅이라고? 그러나 우리에겐 원흉이다. 당신들이 잘못해 놓고 왜 그 책임을 우리에게 물으려는가?"

"가정교육을 잘못한 탓이다. 어찌 그리도 의연하단 말인가?"

“내 아들이 우리나라를 위해 큰일을 했으니 당연하지 않는가! 한국 국민으로 태어나 나라의 일로 죽는다는 것은 국민된 도리이자 의무다. 내 아들이 우리나라를 위해 죽는다면 나 또한 아들의 뒤를 따라갈 것이다.”

조마리아 여사의 말에 일본 경찰은 입을 다물고 말았다.

안 의사의 어머니는 아들이 만주 여순 감옥에 갇혀 있을 때 명주로 만든 수의_{죽은 사람에게 입힐 옷}와 함께 애절한 편지를 보냈다.

장한 아들아!

너의 거사는 우리 동포의 분노를 세계만방에 알려준 장한 일이다.

이제 동포의 분노가 더욱 거세게 솟아오르게 하려면 고등법원에 항소하지 마라. 그리하여 일본의 만행을 다시 보여줘야 한다. 우리의 원흉인 이토를 죽인 너를 일본이 살려줄 리 만무하다.

기왕에 나라를 위해 죽을 몸이거늘 구차스럽게 조금 더 살겠다고 몸부림치지 마라. 결코 억울한 죽음이 아니며 늙은 어미보다 먼저 죽는다고 불효 또한 아니다. 너의 죽음은 우리 모두의 분노를 짊어지고 가는 것이라, 동포들이 너를 잊지 않을 것이다.

조마리아 여사가 아들에게 보낸 편지 속에는 국민의 의무를 다 하였으니 그 책임 또한 기꺼이 지라는 숭고함이 담겨 있었다.

감옥에 갇힌 아들에게 항소하지 말고 떳떳한 죽음을 택하라고 한 어머니의 마음은 얼마가 아프고 쓰렸을까?

결코 살아서 나올 몸이 아니라는 걸 너무나 빤히 알고 있는 어머니였기에, 하늘의 뜻에 따르라고 편지를 띄워 보낸 것이다. 안중근 의사는 어머니의 뜻에 따라, 온갖 고문에도 굽히지 않고 항변하다가 사형을 당하여 의로운 삶을 마감하였다.

05

하늘의 뜻

01 세계를 품에 안고

"사람들에게 봉사하라. 그러면 사람들도 그대에게 봉사하리라. 그대가 한평생을 걸고 봉사한다면 아무리 교활한 사람이라 해도 그 보상을 그대에게 하지 않을 수 없을 것이다."

이 말을 남긴 랄프 에머슨은 아메리카의 사상가이자 시인이었다.

섬기는 마음은 곧 섬기는 리더십을 의미한다. 한국의 세계적인 기업 삼성그룹의 삼성경제연구소는 한국 10대 트렌드 중의 하나로 '섬기는 리더십'을 꼽았다. 이는 고객을 잘 섬겨야 기업이 발전할 수 있다는 말이다.

개인의 성공은 개인의 노력에 따라 좌우되지만, 국가의 발전은 나만이 잘되어 성공하기를 바라는 것보다는 온 국민 모두가 함께 발전하고 성공하는 길을 가야 한다. 그 길은 바로 진정한 리더십을 발휘하는 지도자를 만나야 한다는 가르침이다.

청소년 적십자에서 사랑과 봉사로 섬김의 정신을 배우기 시작한 반기문은 그 인상부터 매우 부드럽다. 언제나 밝은 미소로 사람을 대한다. 지위가 높고 낮음을 가리지 않고 모든 사람들을 부드럽고 예의 바르게 대해 준다.

한 부처의 장관이기 이전에 국민을 섬기는 공무원이라는 정신을 늘 지니고 있다. 공무원의 길, 공무원의 신분에서 한 걸음도 빗나가지 않으려고 무던히도 애를 쓴다. 그렇게 섬기는 자세는 고운 품성에서 비롯된다.

무골호인에 외유내강

반기문의 고운 품성은 타고난 천성이다. 그래서 겉으로만 보면 의지가 나약하고 리더십 같은 것은 찾아볼 수도 없는 선비 같은 인상이다.

무골호인이라는 놀림도 숱하게 받았지만 전형적인 외유내강의 표상이기도 하다.

무골호인은 뼈 없이 좋은 사람이라 주대가 약한 사람 같다는 말이고, 외유내강은 겉은 부드럽고 순해 보이나 속은 꼿꼿하고 강함으로 꽉 차서 빈틈이 없다는 표현이니, 무골호인과 외유내강은 정반대의 조화를 이루는 의미가 된다. 그런 반기문을 단적으로 보여주는 일화가 있다.

외교통상부 장관 때의 일이다.

2006년 4월, 유럽 6개국 순방의 마지막 일정으로 이탈리아를 방문 중이었다. 갑작스럽게 장모님이 세상을 떠났다는 부음을 받고 그는 서둘러 귀국행 비행기에 올랐다. 비행기가 이륙 후 바로 뜻밖의 사고가 일어났다. 이탈리아에서 유학 중인 학생이 귀국행 비행기 안에서 의식을 잃고 쓰러진 것이다. 상태가 위독했다.

그때 기장은 회항 여부를 결정하지 못하고 망설였다.

"귀국 시간이 늦어져도 좋다. 사람 목숨이 더 시급하다!"

반 장관은 기장을 설득하여 체코 프라하 공항에 임시 착륙시켰다. 응급조치를 받도록 만반의 조치를 지시하고 귀국하여 장모님 장례에 참석하였다.

장모님 장례 후, 그 유학생이 끝내 세상을 떠났다는 비보를 듣고 무척 안타까워 하면서 조용히 명복을 빌어 주었다.

반기문의 장모 사랑은 유별난 데가 있다.

그는 퇴근이 늘 늦었다. 정해진 시간이 없이 집에 들어오는 시각이 퇴근시간이라, 아내가 무척 속을 끓였다고 주변 사람들이 전했다.

그는 생전에 장모님이 딸아내에게 한 이야기를 회상하며 장모님의 그리워한다.

"남자가 해가 지기 전에 집으로 들어온다면 직업이 없거나 큰 병을 앓고 있거나 둘 중의 하나일 것이니 반 서방사위이 집에 늦게 들어온다고 불평하지 마라."

반기문의 또 다른 일화다.

외교통상부 장관으로 있던 2006년의 일이다. 그는 옛날 고교생으로 한 때 머물렀던 미국 민박집 여주인과 감격스런 만남을 가졌다. 서울 소피텔앰배서더호텔에서 늘 가슴속에 간직해왔던 반가운 손님을 맞은 것이다.

충주고 재학 중이던 1962년 미국 방문 때 머물렀던 민박집 주인 패터슨 할머니88세를 서울로 초청한 아름다운 만남이었다.

반기문은 "도대체 이게 얼마 만입니까? 조금도 변하지 않으셨군요."라며 감동하였고, 패터슨 여사는 "장관께선 당시 열여덟 살 고교생이었지요?"라고 물었다.

패터슨 여사는 딸 메리베스_{고교 음악교사}의 부축을 받으며 서울에 와 반 장관의 손을 잡고 기쁨의 눈물을 흘렸다.

고교 시절 반기문은 학교가 다른 고교생 3명과 함께 청소년 적십자 대표로 미국을 방문하였을 때 샌프란시스코 패터슨 여사 댁에서 민박하여 깊은 정을 쌓으며 지낸 적이 있다.

"그동안 신세를 갚지 못해 늘 마음에 걸렸습니다."

패터슨 여사와 편지를 교환하며 인연을 이어온 반 장관은 방미 중에 패터슨 여사에게 전화를 걸어 한국을 방문해 달라는 초청 의사를 밝혀 뜻을 이루었다.

| 패터슨 여사와 반기문

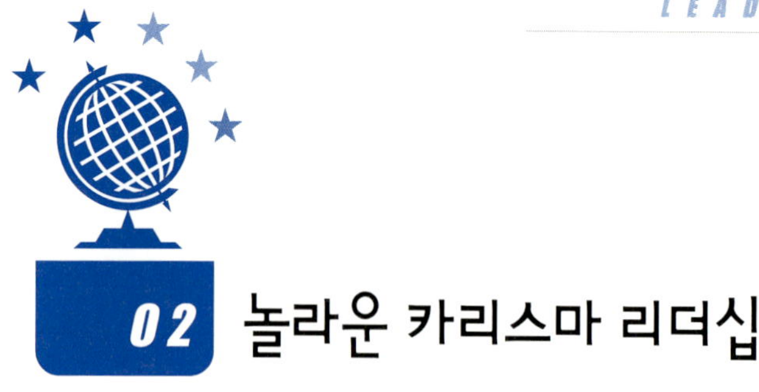

02 놀라운 카리스마 리더십

반기문 총장에게는 강력한 카리스마 기질이 있다. 그건 바로 놀라운 리더십으로 나타난다.

본래 카리스마는 기적을 행하고 예언을 하는 것으로 신으로부터 부여받은 자질이기 때문에 신성 불가침한 권위를 이르는 말이다. 그러나 현대사회에서는 사회적 지도자나 지배자의 탁월한 지도력으로 표현되는 것이 보편적이다.

무골호인 같으면서도 외유내강의 기질을 지닌 반기문 총장은 왕성한 카리스마에 강력한 책임감을 함께 지녀 외교관으로서는 더할 나위 없는 덕목을 지닌 사람으로 평가되고 있다.

외교관은 말이 무기다

반기문의 외교적인 신념은 너무나 확고하고 분명하다.

"외교관은 결코 목소리를 높여서는 안 된다!"

"외교관은 총칼이 아니라 말로써 싸워야 한다!"

"지혜로운 눈으로 정보를 분석하고 문서를 해독해야 한다!"

이렇기 때문에 왕성한 카리스마가 필요하고, 또 때로는 강력한 리더십을 발휘해야만 상대방이 따라온다.

외교 무대에서는 전 세계 모든 나라가 서로 이해 상관이 얽혀 있다. 그래서 자칫 잘못하면 엄청난 손실을 당하기 쉽다.

외교라는 것 자체가 무척 복잡하고 다양한 뜻을 담고 있다. 일반적으로는 국가와 국가 간의 교섭 관계, 나아가 대외적인 정책을 외교라고 부른다.

나라와 나라 사이의 교제가 근본이지만, 그 나라와 관련되는 이해관계, 상호협력 문제, 갈등 등을 원만하게 조정하고 풀어가는 것이 기본이다.

나라 사이의 분쟁적인 요소나 국민 간의 갈등을 무력으로 해결하는 것이 아니라 대화와 협상으로 풀어가면서 국가의 이익을 최대한으로 끌어올리는 작업이다.

국민, 기업, 무역, 단체, 스포츠, 문화 등 전반적인 문제에 미치는 영향이 크기 때문에 매우 어려운 과제를 안고 있다.

더구나 오늘날의 외교는 무척 다각화되어 있어서 외교를 전담하는 부처의 독단적인 활동으로 끝나는 경우가 거의 없다.

정부의 방침 아래 해당되는 여러 부처와의 긴밀한 협력이 절대 필요하다.

외교를 담당하는 사람을 외교관이라고 부르지만, 그 직급은 다양하다. 일반적으로 외교관이라 하면 외국에서 근무하거나 외국을 드나들며 일하는 공무원을 가리킨다. 그러나 외교사절, 즉 대사나 공사, 그리고 수행원들을 모두 외교관이라고 부른다.

외교관에 대한 표현도 시대에 따라 달라졌다. 20세기에는 농담과도 같은 말들이 유행하였다. 외교가에서 화제가 되었던 일화는 많다. 그 가운데 대표적인 일화다.

"외교관은 자기 나라를 위해 외국에 거짓말을 하라고 파견하는 정
   직한 사람이다."

– 영국의 외교관 헨리 워튼의 말

"대사는 존경받을 만한 스파이다!"

– 프랑스의 외교관 칼리에르의 말

이런 외교관의 길을 걷겠다고 일찌감치 정해 놓고 한 발 한 발 걸어 나온 사람이 반기문 총장이다.

반기문은 외교관의 길로 들어선 후배들에게 기회가 있을 때마다 특강을 하듯 자상하게 일러주곤 한다.

외교관은 만물박사가 되라

오늘날의 외교관은 어학, 국제법, 역사학의 기초적 지식과 능력은 물론이고 겸손함, 정확성, 리더십 등도 갖추어야 된다.

글로벌 시대의 외교관은 이해관계가 서로 다른 주변 국가의 사람들을 따뜻하게 품어 안고 함께 발전해가는 기틀을 마련해 주는 사람이다.

나만 잘되겠다거나 우리나라만이 이득을 취하겠다는 태도는 독불장군과도 같은 옹고집일 뿐이다. 이런 태도는 독재국가에서 흔히 쓰고 있는 외교 정책이다.

우리만의 이익을 얻고 그 자유를 누리겠다는 태도는 상대방을 다운시켜서라도 목적을 달성하여야 한다던 외교 방식으로, 이미 낡은 시대의 수법이다. 이제는 함께 가면서 같이 성장하고 발전해야 하는 시대로 바뀌었다.

그러기 위해서는 끊임없이 학습해야 한다. 세계 외교 무대에 나오는 사람들은 총칼을 숨겨놓은 장군과도 같다. 그들은 임기응변에 도가 튼 수재들이다. 그들과 말로써 겨뤄 이기려면 그들보다 더 알고 있어야 한다.

외교관의 최대 무기는 언변과 겸손이다. 말이 막히면 끝장이고 겸손이 무너지면 일어나지 못한다.

겸손은 상대방을 높이면서 자기를 낮추는 태도이다. 일반 사회에서는 겸손한 사람이 손해를 보는 경우가 종종 생긴다. 외교 무대에서는 그 반대 현상이 벌어지는 경우가 더 많다. 겸손한 자세는 일종의 방어적 수단이 되기 때문이다. 상대방에게 겸손을 베풀면 상대가 나를 무시하거나 얕보지 못한다.

겸손한 사람은 높은 곳에 올라서도 저 아래까지 내려다 볼 수 있는 지혜의 눈이 트이기 때문에, 흔들어대도 절대 떨어지거나 넘어지지 않는다.

미국의 세계적인 전기제품 기업인 제너럴 일렉트릭GC의 제프리 이멜트 회장은 리더십을 무척 강조한 기업인이다.

"리더십이란 자기 내면을 향한 끝없는 훈련 여행이다."

이멜트의 말은 조직을 이끌고 나가려면 자기 자신의 개성을 스스로 계발하고 키우라고 충고하였다.

지금 우리들은 조직이 크건 작건 간에 조직사회 속에서 살아간다. 그 때문에 리더십이 필요하다. 조직적인 경쟁사회에서는 리더십을 필요로 한다. 그래서 리더십 쌓기는 어릴 적부터 길러야 한다.

03 드넓은 세계를 향하여

"세계는 넓고 할 일은 많다!"

대우그룹을 일군 전설적인 인물 김우중 회장이 자서전에서 한 말이자 그의 자서전 제목이기도 하다. 그의 말처럼 드넓은 세계를 향하여 뛰고 있는 한국의 젊은이들은 많다.

우주를 지배하는 미국의 항공우주국NASA 본부에서도 한국인의 최종 OK 사인이 나지 않으면 우주선이 발사되지 못한 시절이 있었다.

그 주인공은 배윤열이다. 그는 미국 우주항공 산업의 핵심 부서인 항공우주국 우주항공센터 책임연구원으로 활동하면서 한국인의 위상을 세계만방에 떨쳤다.

한국인으로는 최초로 인공위성 제작에 참여해 항공우주국 본부에서 근무했고, 책임연구원으로 우주에서 보내는 각종 데이터를 분석하는 일을 하며, 인공위성 발사의 최종 사인을 하는 큰일을 맡아왔다. 그리고 2010년 말로 44년의 항공우주국 근무를 마치고 은퇴하였다.

한국인 최초의 우주인 이소연도 대한민국을 빛낸 한국의 딸이다.

1978년 4월 27일생인 이소연은 혈액형 A형, 취미는 영화 관람, 음악 감상, 노래, 태권도 3단 등 다양하다. 과학고를 거쳐 한국과학기술원KAIST에서 박사를 받은 여성 과학자로, 현재 한국항공우주연구원에서 일하는 우주인이다.

기계공학을 전공하면서도 디자인 분야에 뛰어난 재능을 지닌 다재다능한 젊은 연구원이자, 우주인으로서 손색이 없는 대한민국 젊은 여성이다.

2008년 4월 8일, 소유즈 우주선에 탑승하여 국제 우주 정거장에서 약 일주일간 체류하면서 18개의 과학실험 등 다양한 우주인 임무를 수행하였고, 이후 유인 우주개발 기술의 연구 업무를 담당하고 있다.

우주인으로서 대한민국 국민 모두의 꿈을 싣고 우주에 올라 소임을 다하고 돌아온 이소연은 우리나라 과학기술의 밝은 미래를 청소년들에게 전달한 여성이다.

인류의 질병 퇴치를 위해 열정과 목숨을 바쳤던 이종욱도 국제의료계를 이끈 자랑스러운 한국의 아들이었다. '백신의 황제'라는 존경을 받았던 그는 2003년에 유엔 산하인 세계보건기구WHO 사무총장에 선출된 인물이다. 그는 한국 사람으로는 처음으로 국제기구의 지도자가 되었다.

그는 대학을 마치고 바로 남태평양의 피지로 들어가 가난한 빈민층을 대상으로 의료구호 사업에 협력하였다.

1983년 세계보건기구에 들어가 질병예방관리국장, 예방백신사업국장, 결핵관리국장 등의 요직을 두루 거쳐 세계보건기구 사무총장에 오른 입지전적인 의학박사였다. 그는 2006년 5월 제네바의 세계보건기구 본부 집무실에서 갑자기 쓰러졌다. 뇌혈전 수술을 받았으나 깨어나지 못하고 순직하였다.

그로부터 1년이 지나 반기문이 유엔 사무총장으로 혜성처럼 등장하였다.

준비하는 사람에겐 미래가 열린다

이제 우리 앞에는 제2의 세계보건기구 사무총장, 제2의 유엔 사무총장이 나와서 세계적인 기구를 이끌어야 한다는 과제가 안겨졌다. 문제는 드넓은 세계를 향하여 실력을 쌓으면서 착실하게 준비해야 한다는 것이 숙제이다.

중국 유교의 경전인 《중용中庸》에 이런 말이 나온다.

"준비하는 사람에게는 미래가 열린다."

준비함이 있으면 성공할 수 있고, 준비함이 없으면 실패가 따른다.

준비하는 사람에게는 실수가 없다. 미리 계획을 세우는 사람은 곤란함을 당하지 않는다. 미리 목표를 세우면 후회함이 없다.

목적지가 있는 길에는 막힘이 없다. 세상의 부모들은 자기의 아이들만은 행복하게 살기를 바란다. 그래서 학교 공부에다 과외까지 시키고 운동을 가르친다. 아이들이 원하는 것이면 무엇이든 해주려고 노력한다.

모두가 미래를 위한 준비인 것이다. 아이들이 미래를 준비하도록 하는 일은 부모의 의무이자 책임이기도 하다. 그러나 대화, 소통이 없으면 컴퓨터의 일방 게임과 같다. 모바일에 온갖 세상이 다 떠도 그건 일방통행일 뿐이다.

부모가 아이들을 위해 쏟아야 할 진정한 사랑은 아이들 스스로가 행복의 꿈을 이룩하겠다는 의지를 가지고 아이들 스스로 노력하도록 이끌어주는 일이다. 그것이 아이들에게 베푸는 참다운 사랑이다.

'세계 최고의 컨설팅 수석 코치'로 불리는 미국의 골드스미스 박사는 "훌륭한 리더나 최고 경영자가 되는 비결은 '하지만 또는 그러나' 라고 말하지 말고, '이건 꼭 해야 된다' 고 강요하지 마라."라고 말한다.

‘하지만’이나 ‘그러나’ 같은 말은 부정적인 의미로 상대방의 생각이 틀렸다거나 부정하는 의미가 크기 때문이라는 것이다.

그는 이렇게 주문한다.

“많은 사람들이 리더십의 원칙이나 중요성은 알면서도 실천하지 못한다. 머릿속에만 담겨 있는 리더십은 아무 쓸모도 없다. 리더십은 실천할 때 빛을 낸다. 습관의 틀에서 벗어나야 하고, 관성의 족쇄를 풀고 입은 무겁게, 웃음은 밝게, 인상은 부드럽게 하라.”

우리들은 모르는 것에 대해 ‘뭐죠?’ 라는 말을 많이 하는데, 미국에서는 긍정의 힘을 의미하는 ‘모조’ 라는 말이 유행한다. 모조Mojo는 흑인 토속신앙에서 나온 말로 원래 소원이나 희망의 부적을 담은 작은 주머니를 가리키는 말이다. 이 말이 ‘나도 성공할 수 있다’는 자신감과 만족감을 주는 긍정적인 말로 사용된다. 1997년 007을 패러디한 영화 〈오스틴 파워〉에서 강력한 에너지를 의미하는 표현으로 쓰면서 영어권 나라에서 널리 유행되고 있다.

모조는 행복하고 성공적인 삶을 만드는 핵심 요소로 가정, 학교, 직장 등에서 훌륭한 리더가 되기 위해 반드시 갖추어야 할 기본으로 꼽히고 있다.

구글, 보잉 등 세계적인 대기업 120여 개의 최고 경영자와 임원들이 골드스미스에게 리더십 컨설팅을 받았다.

04 밝은 인상을 창조하라

세상에는 직업들이 많고도 많다.

학교에서 학생들을 가르치는 선생님도 유치원부터 초등학교, 중·고등학교, 대학교에 이르기까지 다양하다. 의사는 더욱 다양하다. 소아과 의사로부터 내과, 치과, 정형외과, 성형외과, 이비인후과, 피부과 등 여러 갈래이다.

이들 분야에 종사하는 사람들을 모두 전문 직종에서 일한다 하여 전문인이라고 부른다.

반기문은 외교관의 길을 걸어가는 전문인이다. 외교관에도 직급이 있어서 올라갈수록 더욱 품위를 지켜야 한다. 더구나 유엔 사무총장이라는 자리는 지구촌 사람들을 만나야 하는 자리이다. 지구촌에는 우리나라를 포함하여 192개국의 유엔 회원국이 있다.

그뿐만이 아니다. 독립 국가를 이루면서도 아직 유엔에 가입되지 못한 나라들을 합하면 200 나라가 넘는다. 그 밖에 아직 독립되지 못하였거나 분쟁 중인 나라들도 있다. 그런 나라 사람들을 만나고, 모든 문제를 풀어나가고 있다.

그래서 유엔 사무총장은 지구촌을 이끄는 대통령이라고 일컫는다.

우리나라 사람들을 우선 만나는 것도 아니다. 오히려 우리나라 사람들을 만나는 일은 무척 자제하고 있을 정도이다.

25시의 주인공이다

외교통상부 장관을 지낼 때에도 어떤 날은 하루에 열여덟 차례나 서로 다른 사람들을 만났고, 한 달에도 24박 26일간 외국 출장이라는 엄청난 외교 활동을 펼쳤다. 출장 시간을 아껴 밤 비행기로 떠났다가 밤 비행기로 돌아온 것이다.

그래서 하루 24시간을 살고 있는 사람이 아니라 하루 25시간을 살아가는 사람이라는 말까지 들었다. 그런데 지금 유엔 사무총장으로 일하는 반기문은 대한민국 외교통상부 장관 시절보다 10배나 더 바쁘고 더 시간이 없다고 털어 놓았다.

그렇다고 잠깐씩 만난다 하여 적당히 어물어물 사람들을 대할 수도 없다. 그럴수록 낯선 외국 사람들에게 유엔 사무총장의 이미지가 뚜렷하고도 부드러우며 친근감을 준다는 인상을 갖게 해야 한다.

처음 만나는 외국 사람들, 특히 외국의 지도자들에게 그런 인상을 심어주지 못하면 유엔 사무총장으로서는 이미 마이너스 이미지를 풍기게 된다.

그럴 경우 사무총장 개인 인격의 이미지를 떨어뜨리는 것은 물론이고 대한민국에도 손상을 주게 된다. 그렇다면 반기문은 지구촌의 대통령인 유엔 사무총장으로서의 이미지를 어떻게 관리하고 있을까?

반기문과 처음 대화를 가진 사람들은 한결같이 그의 밝은 인상을 떠올린다.

"그는 선비 정신이 강한 전문 외교관이다."

그런 인상을 계속 지켜가기 위해서 그는 평생 이미지 관리에 신경을 쓰고 있다.

주변 사람들은 한마디로 말해서 그는 이미지 관리에 도가 튼 사람이라고 일컫는다. 그런 까닭에는 몇 가지 이유가 있다.

첫째는 '기름장어'다. 어려운 일, 난감한 상황을 만날 때 능수능란하게 잘 대처하면서 장어처럼 빠져나가 위기에서 벗어난다.

둘째는 메모광이다. 중요한 사안은 철저하게 기록하고 정리한다. 어떠한 일이든 기록하는 데는 따를 사람이 없을 정도다.

셋째는 '반 주사'다. 철저하게 공무를 정리한다 하여 6급 공무원

직급인 '주사' 칭호를 붙여 '반 주사' 라고 부른다.

넷째는 25시의 외교관이다. 지치지 않는 열정으로 일한다 하여 하루 24시간이 아니라 25시의 외교관이다.

다섯째는 기록 제조기다. 국내는 물론 해외 출장에서도 외교통상부의 각종 기록들을 갈아치웠다 하여 붙여준 이름이다.

이런 요소들이 서로 조화를 이루면서 '외교관 반기문' 의 인상을 밝고 부드럽게 만들고 있다. 타고난 천성이 아니면 만들고 지켜가기 힘은 인상 관리법이다.

자신에게 주어진 일은 최선을 다해 처리한다. 업무에 관한 한 남에게 지기 싫어하는 고집쟁이이다. 그런 습성으로 일을 능률적으로 빠르고 정확하게 처리한다.

외교 무대에서는 밝은 인상, 고운 이미지를 강력한 힘의 무기, 곧 파워라고 부른다. 파워는 곧 자신감이다. 자신만의 이미지를 창조하라는 말은 자기를 발전시키고 성장시키는 힘을 기르라는 뜻이다.

성공한 사람들은 어릴 적부터 표정 관리를 익혔고, 일생을 통하여 이미지 관리를 매우 잘하는 사람들이다. 그래서 어릴 적부터 좋은 인상을 심어주는 일이 중요하다.

한 번 몸에 지닌 인상은 평생을 이어가기 때문이다. 오죽 하면 속담에 "세 살 때 버릇이 여든 살까지 간다."라고 하였을까.

05 자신의 브랜드를 키워라

오늘날 글로벌 세계에서는 브랜드라는 말이 널리 유행되고 있다.

특히 어린이들로부터 어른에 이르기까지 모든 사람이 브랜드를 찾고 말하는 세상이다. 브랜드가 없는 제품은 거들떠보려고도 않는다. 브랜드가 있는 제품은 값이 비싸다 해도 믿을 수 있다는 사회 풍조 때문이다.

브랜드Brand라는 말은 본래 유명 제품의 상표를 말한다. 기업들 사이에서 브랜드, 즉 상표를 광고 선전 등을 통해, 경쟁 회사의 같은 제품과 차별화시키면서 자기 회사 제품의 이미지를 높이고 확고하게 다져 나아가는 마케팅 전략을 가리킨다.

이 전략은 국제 무역에서 널리 이용되고 있다. 이른바 브랜드 전략이라는 것이다.

차별화란 일종의 눈속임 전략이다. 비슷한 제품인데도 마치 차이가 있는 것처럼 선전한다. 그렇게 하여 소비자들에게 제품의 차이가 있는 것처럼 알게 만든다.

브랜드 전략은 포도주와 같은 고급 술, 고급 제품이라고 내세우는 화장품 등에서 비롯되었다. 오늘날에는 가전제품을 비롯하여 의류, 스포츠 용품, 철강이나 시멘트 제품, 밀가루 같은 식용 제품에까지 폭넓게 사용되고 있다.

명품 브랜드로 자신을 만들어라

지금은 무역의 무대를 넘어서서 국가 간에도 브랜드 전략이 펼쳐지고 있다. 그 가장 좋은 예가 바로 스포츠 외교다. 월드컵 축구는 단일 스포츠 종목이면서도 전 세계가 빠져들고 열광한다. 거기에 걸맞게 만든 스포츠 용품이 불티나게 팔려나간다.

골을 넣는 선수는 스타로 떠오르고, 4강을 넘어 결승에 오르고 우승을 차지하는 나라는 상상을 초월하는 브랜드 가치를 누린다.

축구의 '박지성 브랜드', 피겨의 '김연아 브랜드', 수영의 '박태환 브랜드' 같은 것들이 바로 스포츠의 국제적 브랜드이다.

동양의 분단국가인 한국의 외교관 반기문은 유엔 사무총장으로 국제 무대에 '코리아 브랜드'라는 신선한 바람을 일으켰다.

잠자는 호랑이라고 불렸던 중국 대륙에서는 원자바오 총리가 브랜드 바람을 일으키며 12억 명의 국민들을 일깨워 놓았다.

2006년 겨울, 중국 대륙에는 매서운 추위가 지겹게도 몰아쳤다. 중국 사람들이 최대의 큰 명절로 여기는 설날 아침, 농촌을 방문한 원자바오의 사진이 신문에 실렸다. 설날 아침 신문에서 철 지난 허름한 점퍼를 입은 총리의 모습을 본 대부분의 중국 사람들은 원자바오가 매우 검소하다고 생각하고 그냥 넘어갔다.

그러나 눈 밝은 젊은 네티즌 한 사람은 원자바오가 입고 있는 낡은 점퍼를 보는 순간 번개처럼 떠오르는 강한 자극을 받았다.

"이 점퍼는 10여 년 전에 유행한 점퍼인데?"

그 네티즌은 원자바오가 10여 년 전에 유행하였던 철지난 점퍼를 아직도 입고 있다는 것을 확인하고는 인터넷에 띄웠다.

"원자바오 총리여! 10여 년 전에 유행한 겨울 점퍼를 아직도 입고 있네!"

이 짤막한 글과 낡은 점퍼를 입은 원자바오의 신문 사진이 인터넷에 뜨면서 눈 깜짝할 사이에 다른 사이트로 옮겨지면서 무려 20여 만 개의 사이트가 불이 붙었다.

인터넷 댓글은 가히 폭발적이었다.

"유행 지난 낡은 녹색 점퍼를 입은 총리여! 그대는 보통 시골 노인 같다. 부디 저우언라이 총리를 닮기 바란다."

저우언라이는 중국인들 사이에서는 정치 혁명가이자 역대 최고의 총리로 존경받는 인물로, 우리에게는 주은래라고 불리는 사람이다.

그는 일본에서 공부하고 중국 공산당을 이끌었으며 1949년 중화인민공화국 정부 수립 이후 정무원 총리 겸 외교부장으로 '평화 외교'를 널리 펼쳤다.

미국과의 외교 전략에 성공하여 1971년에 중국이 유엔에 가입하면서 정치 혁명을 일으키고 개방화에 주력하였다.

그는 탄광이 무너지면서 많은 광부들이 목숨을 잃었을 때 현장으로 달려가 "내가 너무 늦게 왔다."라며 유족들을 위로하면서 눈물을 흘렸다. 이때도 그는 허름한 점퍼에 낡은 운동화를 신고 있었다. 그런 모습을 본 중국인들은 그에게 열광하였다.

그러나 마오쩌둥모택동 일파와 대립되어 위기에 몰렸다가 1976년 1월 전 재산이라고는 겨우 5,000위안우리 돈으로 60만 원을 남긴 채 식도암으로 세상을 떠났다.

그가 세상을 떠나고 13년이 지난 뒤에 죽은 저우언라이를 찬양하는 중국 민중의 대규모 시위 행진인 톈안먼천안문 사건이 일어났다. 이로 인해 중국은 마오쩌둥 정치로부터 벗어나 죽의 장막에서 깨어나는 전환기를 맞은 것이다.

중국의 유엔 무대 진출은 사실상 저우언라이가 열어 놓았다.

06
위대한 전진

01 야망의 꿈을 키워라

반기문은 스위스 대사 시절에 부끄러운 경우를 당한 적이 있다. 사교댄스를 출 줄 모른다는 것 때문이었다.

스위스에서는 국제 모임 때마다 사교댄스를 겸하는 경우가 많았다. 그러니 외교관에게, 더군다나 대사에게는 사교댄스가 절대 필요한 덕목으로 여겨졌다.

사교댄스를 못 추는 반기문은 혼자 우두커니 서 있거나 앉아 있어야 했다.

지금은 학교에서도 자연스럽게 배우지만, 반기문이 학생 때에는 사교댄스 같은 것을 생각조차 하지 못하였다.

더군다나 반기문은 스스로도 운동이라고는 '걷는 것과 일' 하는 것이라고 말할 정도였으니까, 운동에 대한 관심도 재능도 없는지 모른다. 오로지 공부만 파고들었다.

그래서 '공부만 잘하는 바보'라는 소리를 가끔 들었다. 운동을 하지 않았는데도 건강을 자랑하는 것을 보면 분명코 타고난 기질임에 틀림없다.

"할 수 없군! 춤을 배우자!"

반기문은 사교댄스를 배우기 시작했다. 춤바람이 난 것이 아니라 직업상 배울 수밖에 없는 처지가 된 것이다. 대사가 내놓고 춤을 배운다면 춤바람났다는 소문이 퍼질 판이다.

단기간에 사교댄스를 익히기 위해 자신의 모든 능력을 걸고 열정을 쏟았다. 매우 혹독하게 진행되었다. 이렇게 하여 겨우 초보자는 면했다.

지금 세계는 인재 전쟁 중이다

국제 무대에서는 공부만 잘한 인재를 요구하지는 않는다. 그러나 역시 우수한 인재들의 각축장이 국제 무대이다. 이를 두고 '인재 전쟁'이라는 말까지 등장하였다.

앞서 가는 대기업이나 우수한 집단에는 반드시 우수한 인재들이 몰려든다. 이런 현상은 어쩔 수 없는 필연적인 현상이다.

그러니 초등학교 때부터 점수 높이기 과외에 매달리게 마련이다. 오늘의 교육 현실에서 점수를 높이는 것은 피할 수 없는 숙명처럼 되어 있다.

공부나 예술, 스포츠 등 모든 분야에서 1등 그룹에 속하는 인재가 되어야만 길이 열리고 미래를 보장받는 것처럼 되고 있다.

1등과 2등의 차이는 정말로 구별하기 힘들지만, 그 순위가 엄연하고 그 격차가 너무 커서 1등 다음에 2등에게 눈이 간다. 그런 현상이 심하게 드러나는 곳이 스포츠 무대다. 1등이 시상대에 먼저 올라선 다음에 2등이 자리에 오른다. 그렇다고 해서 2등이 1등에 비해 크게 뒤지는 것은 아니다. 그런데도 1등부터 챙긴다.

오늘의 국제사회는 공부만 잘한 수재들보다는 모든 분야에 걸쳐 풍부한 경험을 쌓은 인재를 더 원하고 있다. 공부를 잘한 수재들보다는 스포츠나 예술 분야에서도 남다른 끼가 있는 사람들이 조직을 더 잘 이끌고 간다는 것을 알기 때문이다.

어려운 일을 당할 때 여러 분야에 끼가 있는 사람들은 다양한 관점에서 창의력을 발휘하여 문제를 보다 쉽게 해결하고 오히려 그 효과를 높이는 경우가 많다. 하나 더하기 하나가 반드시 둘은 아니다. 둘도 되고 0이 되기도 하며 무한대로 번지기도 한다.

우리 어린이들은 영어학원, 논술학원, 미술학원, 음악학원, 태권도 도장 등을 다니면서 이것저것 다양한 경험을 하면서 자란다. 처음에는 꽤 열심히 한다. 그런데 끝까지 가지 못하고 중간에 접는 경우가 대부분이다. 자기가 목표했던 만큼의 효과가 없다는 판단에서 그렇다.

이런 경향은 어린이들의 교양이나 재능을 일찍부터 키워 주자는 것보다는 점수 올리기의 하나로 시작하기 때문이다.

다양한 경험을 쌓아라

어릴 적에 쌓는 다양한 경험은 유능한 인재로 성장하는데 필요한 리더십을 심어주는 지름길이 된다.

어린이들은 부모의 축소판이 아니다. 그들은 만능 천재의 가능성을 지닌 것도 아니다. 그런데도 부모들은 만능 천재로 자라기를 원해서 아이들의 적성이나 흥미보다는 부모들 자신의 생각과 판단으로 학원을 선택하고 보낸다.

중국에서 공자와 함께 성인으로 존경받은 맹자의 어머니가 아들 교육을 위해 쏟았다는 '맹모삼천지교孟母三遷之敎'의 일화는 지금도 널리 회자된다. 아들의 학업을 돕고자 이사를 세 차례나 하였다는 이야기이다.

맹자가 어렸을 때 묘지 근처에 살았는데 아들이 장례 지내는 흉내만 내자 첫 번째 이사를 했다. 두 번째는 시장 근처로 이사하였더니 장사하는 상인들 흉내를 내자 다시 집을 옮긴 것이며, 글방 근처로 이사하니 글공부 흉내를 내자 그곳에서 살면서 아들을 교육시켜 훌륭한 인물로 키웠다는 옛날 일화이다.

오늘의 우리나라 어머니들 가운데는 맹자의 어머니도 생각 못할 정도로 차원이 다른 어머니들이 너무나 많다. 아이들의 교육을 위해서라면 이사 다니는 것쯤은 아무렇지도 않게 여긴다. 명문 학군으로, 특수학교 주변으로 주민등록을 옮긴다.

수재들이 몰려든다는 외국어고교, 과학고교, 영재고교라는 곳에 가야만 최고의 명문대학교에 들어갈 수 있다며 초·중학교 때부터 야단이다. 그것도 모자라서 아이들을 조기 외국 유학으로 보낸다. 그래서 기러기 아빠들이 여기저기서 생겨났다.

그런데 그 조기 유학이 모두 성공적으로 이어지기보다는 외국 학교에서 적응하지 못하고 파탄으로 결판나는 경우가 더 많다는 데서 가정적이나 교육적으로 상당한 문제가 발생되고 있다.

명문 학군으로 주민등록을 옮겨 전학한다고, 조기 외국 유학을 보낸다고 맹자처럼 다 훌륭한 인물이 된다면 누가 뭐라고 할 것인가? 영재는 타고난 천재도 있지만 교육으로 만들어 낼 수도 있다고 생각하는 사람들이 많다.

"영재를 만들어 낸다고?"

특수교육 시스템으로 영재를 만들어 낸다는 그 말을 하늘처럼 믿는 부모들도 있다. 수학 문제를 척척 풀어내고, 영어 단어를 술술 외우고, 논술을 신문 사설처럼 논리적으로 잘 쓰는 어린 천재들을 만들 수는 있을 것이다.

붕어빵도 식으면 맛없다

그런 작업은 붕어빵 찍어내기와 다름없다. 붕어빵은 금세 찍어 낸 것을 호호 불며 먹으면 제맛이 나지만, 조금 시간이 지나면 제맛은커녕 아무 맛도 없다.

천재는 창조성을 지닌 사람을 이르는 말이다. 붕어빵처럼 판에 박힌 기성품이 아니다. 생각에 날개를 날고 새로운 것을 창조해 내는 사람이다. 천재는 붕어빵이 아니다. 창조력이 뛰어나고, 도전적 인간이다. 고정관념을 초월한다.

반기문은 고정관념에 대하여 유엔 사무총장 취임 연설을 통해 위대하고도 멋진 메시지를 지구촌 사람들에게 전달하였다.

먼저 저의 사무총장 선출은 한국인은 유엔 사무총장이

되기 어렵다는 우리 스스로의 고정관념을 깨트린 것입니다.

이유는 한국이 분단국가이다, 미국과의 동맹국이다,

북한 핵 문제의 당사국이다 등등의 이유였습니다.

이 말은 반기문이 유엔 사무총장이 될 수 없다는 이유를 찾아내기에 골몰했던 수많은 사람의 고정관념을 한 방에 풀어버린 통쾌한 메시지이다.

우리나라가 분단국가인 것만은 틀림없다. 남북이 대치하고 있는 분쟁 당사국이고, 미국과 강력한 동맹국 관계를 맺고 있다. 그런 불리한 여건 속에서 반기문은 유엔 사무총장 선거에 출마했고, 할 수 있다는 신념으로 뛰었다. 그리고 통쾌하게 당선의 영광을 안았다.

반기문의 긍정적인 생각은 고정관념에 사로잡혀 있는 지구촌의 까다로운 외교관들을 설득하고 휘어잡은 위대한 도전정신과 창조력에서 나온 것이다.

02 친화력을 길러라

공부는 썩 잘하는데 항상 외톨이가 되는 어린이가 더러 있다. 친구가 없기 때문이다. 친구에 대한 격언은 많다. 그런데도 친구를 사귀는 일이 그렇게 녹록하지 못한 것은 왜 그럴까?

"친구는 세 갈래가 있다. 이로운 친구가 있는가 하면, 해로운 친구도 있다. 바른 말을 하는 친구, 말과 행동에 거짓이 없는 친구, 아는 것이 많은 친구가 이로운 벗이다. 반대로 거짓이 많고, 꾸미기를 좋아하고 속이 텅 빈 사람, 입만 놀리는 사람은 해로운 친구이다."

중국이 낳은 세계적 성인인 공자가 이른 말이다.

미국의 남북전쟁을 승리로 이끌고 노예를 해방시킨 링컨 대통령은 친구에 대하여 이런 말을 남겼다.

"자기에게 좋은 친구로 삼고자 하면 먼저 상대방이 나를 믿을 수 있도록 신념을 보여주라. 이것이야말로 그의 마음을 잡는 꿀이요, 그와 우정을 통하게 하는 끈이다."

세상을 살아가는 길에는 부모 형제 다음으로 친구가 매우 소중하다. 세상을 살다 보면 뜻밖에 어려운 일을 당할 때가 생긴다. 그럴 때 부모는 이미 저세상 사람이라면 친구에게 의지하게 된다. 그래서 일생에 있어서 친구는 부모 다음으로 소중한 재산이라고 말한다.

평생에 등을 맞댈 수 있는 참다운 친구가 한 명만 있어도 성공한 인생이라고 일컫는 속담까지 있다.

진정한 친구의 조건에 세 가지 사례를 꼽고 있다. 친구의 잘못을 일깨워주고, 친구의 행복을 기뻐해 주고, 친구의 어려움에 용기를 주는 사람이 진정한 친구라는 가르침이다.

좋은 친구에게 믿음을 줘라

외교 무대에서는 마음과 마음이 서로 통하고 언제나 손을 맞잡을 수 있는 우방이 꼭 필요하다. 이럴 때의 우방은 곧 외국 친구를 가리킨다.

반기문은 전형적인 직업 외교관이다. 외교관은 나라 밖에서 나라를 위해 일하는 공무원이다. 생각이 다르고 생활이 다른 외국인과 마음을 주고받으며 친구로 지낸다는 것은 보통 이상의 노력과 믿음이 있어야 가능하다.

중요한 국제적 갈등을 풀어야 할 단계에서 우방의 지지를 받지 못하거나 믿었던 우방으로부터 외면을 당한다면 그야말로 낭패다.

그는 가장 중요한 일은 친구를 많이 사귀는 것이고, 일단 사귄 친구는 더욱 돈독하게 우정을 쌓아가는 것이라고 여겼다. 친구를 사귀는 데는 남다른 재능이 있었다. 그 점이 외교관으로서는 가장 큰 장점이고 바로 재산이었다.

반기문 총장에게는 국제 외교가에서 친구가 많기로 소문난 외교관 중의 한 사람이다. 동방의 작은 나라 남북이 분단된 코리아의 외교 거인으로 불린다. 그가 코리아의 외교 거인이라는 말을 뒷받침하는 일화가 있다.

"치열한 외교 경쟁 속에서 속내를 털어놓고 이야기할 수 있는 사람은 코리아의 반기문 외교장관이다."

흑인 여성으로 미국 국무장관을 지낸 콘돌리자 라이스가 한 말이다. 그만큼 믿을 수 있는 외교관이라는 것이다.

그가 유엔 사무총장으로 당선되고, 복잡한 국제 문제를 풀어가는 데는 미국을 비롯한 우방 국가 외교관들의 두터운 친분과 우정,

지원과 협조가 있기에 가능하다.

더구나 그가 유엔 무대에서 탁월한 지도력을 발휘할 수 있었던 것은 몇 년 전 한승수 유엔 총회 의장 비서실장으로 유엔에서 활동한 경험이 바탕이 되었다.

외교관으로 잔뼈가 굵어온 그는 유엔 총회 의장 비서실장으로서 복잡하고 까다로운 문제들을 수행하는데 모든 나라들을 끌어안으며 부드러운 업무처리를 보여주어 전 세계 외교관들부터 좋은 인상을 받았다.

친화적인 인맥 관리가 사무총장의 업무를 수행하는데도 큰 힘이 되고 있다. 그런 예는 사무총장 선거에서 이미 나타났다. 반기문 총장 이전의 사무총장들은 3차, 4차 투표까지 이어지면서도 결정을 못 내고 상임 이사국 전원이 찬성해야 하는 합의 체제 방식으로까지 갔으나, 제8대 사무총장 선거에서는 반기문이 일찌감치 손쉽게 결정된 전례가 말해 준다.

이런 사례는 그가 평소에 지녀온 친구를 관리하는 남다른 친화력의 덕분이다.

그는 늘 이렇게 강조하였다.

"진정한 우정은 믿음에서 나온다. 친구란 같이 떠들고 노는 사이가 아니라, 서로 경쟁하면서 도와가는 사이이다."

03 판단 능력을 키워라

사람들은 남의 일에 곧잘 참견하려고 한다. 그리고 자기의 입장으로 상대방을 비판하고 판단하려고 한다.

어린이들에게는 판단 능력이 부족하다. 이러한 현상은 어린이들이 사물을 보고 느끼며 비평하는 능력이 아직 길러지지 않은 탓이다.

남의 일에 대하여 잘못을 지적하기는 쉽다. 그러나 조심해야 할 일은 남의 잘못만 들춰내려는 버릇, 착한 사람과 악한 사람으로 몰아가는 이분법의 생각, 바보와 천재로 구분 지으려는 태도를 갖는 것이다.

이런 구분을 해서는 안 된다. 사람에게는 누구나 바보 같은 어리석은 면도 있고 뛰어난 천재성도 지니고 있다. 어리석게 보이는 사람도 그 능력을 계발하여 위대한 인간이 될 수 있고, 천재라고 하여 반드시 훌륭한 사람이 되는 것은 아니다.

"사람은 누구나 다 칭찬받기를 좋아한다. 비판은 조용히 개인적으로 해주고, 칭찬은 공개적으로 하라."

링컨의 말이다.

칭찬은 어렵고 비판은 쉽다

우리들 주변에서는 칭찬하는 일보다 비평하는 말을 더 흔하게 들을 수 있다. 남의 말 하는 것을 좋아하고 칭찬에는 인색한 것이 사람들의 습성인지 모른다.

세상 사람들은 남으로부터 비판을 들으면 속이 상하고, 칭찬을 들으면 기분이 좋아진다. 아무리 좋은 이야기라 해도 세 번 이상 연거푸 하면 듣기 싫어진다. 격려나 칭찬이 아니라 비웃거나 비꼬는 말처럼 들릴 수 있기 때문이다.

특히 어린이에게 주는 핀잔은 한 번으로 끝내야 좋다. 두 번 세 번 되풀이하면 듣는 아이들도 자존심이 상하면서 화가 치민다.

칭찬은 매너이고 비판은 버릇이다. 비판하고 혼내는 일에는 반드시 명확성과 타당함이 있어야 아이들이 받아들인다. 그렇지 않을 경우 '또 잔소리'로 여기기 쉽다.

잔소리를 자주 하는 것은 일종의 습관이다. 잔소리를 자주 하는 부모는 아이들로부터 존경을 받지 못한다. 그러나 가끔 칭찬해주는 부모는 아이들이 공경한다.

칭찬을 많이 받으며 자란 어린이는 남의 말에 귀를 기울여 듣는 습성이 몸에 붙는다. 반대로 비판을 자주 들으며 자란 어린이는 남의 말에 별로 관심을 두지 않으려고 한다.

반기문 총장의 장점 중의 하나가 바로 남의 말을 열심히 듣는다는 것이다.

그는 뛰어난 웅변가도 아니고 말을 잘하는 달변가도 아니다. 만일 그가 달변가였다면 방송국 아나운서가 되었을지도 모른다. 그가 외교관이 되겠다는 목표를 일찌감치 정해 놓은 것도 남의 말을 귀담아 듣는다는 천성에서 비롯된 결과이다.

그는 충주고 재학 때 선생님이 지나가는 말처럼 들려준 말을 귀담아 들었다.

"반기문, 너는 조용한 성품에 좀처럼 화를 내지 않는구나! 영어도 썩 잘하니 장차 외교관이 되면 큰 인물이 될 것 같다!"

이 말이 그를 외교관의 길로 들어서게 한 동기였다. 처음에는 무척 고민하였다.

"과연 내가 직업 외교관이 될 수 있는가? 그리고 외국에서 낯선 사람들을 상대로 외교 활동을 제대로 펼 수 있는 능력이 있는가?”

그러나 외교관이 되겠다고 생각한 그의 결심은 차차로 굳어지면서 점점 뿌리를 깊게 내렸다. 그러다가 미국 대통령 앞에서 ‘외교관이 되겠다’고 약속한 뒤로는 외교관이 되겠다는 목표가 한 번도 흔들리지 않았다.

외교 무대에서는 처음부터 자기주장만 쉴 새 없이 늘어놓는 외교관들이 조용히 듣는 외교관들보다 더 많다. 먼저 자기 생각을 말하는 것이 유리하다고 여기는 외교계의 잘못된 경향 때문이다.

하지만 반기문은 남의 말을 잘 들은 뒤 올바른 판단 위에서 자신의 견해를 밝혀 외교관들의 시선을 끌어모았다.

이러한 반기문에 대하여 미국의 라이스는 국무장관 시절에 아주 높게 평가하였다.

섬세하고도 자상한 여성으로 평가 높은 라이스가 국무장관 때 반기문 장관을 진정한 대화의 상대자로 여겼던 것은 반기문이 뛰어난 달변가라서 그런 것이 아니다.

그는 달변가가 아니다. 남의 말을 잘 듣고 분석하여 초점을 분명하게 말하는 편이다. 오히려 달변가들은 다른 나라 외교관들이다.

04 말하기에도 기술이 필요하다

일반적으로 말은 하기보다 듣기가 더 어렵다고 이른다.

사람은 태어난 뒤 말을 하기 전에 듣기부터 배운다.

조선시대 9개 종목의 과거시험에서 모두 장원만 했던 천재 이율곡이이은 말에 대하여 이렇게 표현하였다.

"마음이 정결한 사람은 말이 적다."

"마음이 정결하면 말 수가 적어지기 때문이다."

"때가 온 뒤에 말을 하면 말이 간명하게 된다."

보통 사람들은 말을 하기가 듣기보다 쉽고 또한 글쓰기보다 쉽다고들 한다.

과연 그럴까? 말은 바로 생각의 표현이고 사상의 표현이라고 한다. 그래서 아무리 간단한 말이라고 해도 먼저 생각한 뒤에 말을 해야 하며, 듣는 사람이 싫증을 내기 전에 말을 끝내야 한다. 남이 어떻게 생각하든 관계없이 자기주장만 늘어놓는 사람은 교양이 없는 사람이다.

사람이 사람다울 수 있다는 것은 말을 한다는 것 때문이다. 말은 하고 난 뒤에는 다시 고칠 수 없다. 그러나 남의 말을 듣고도 말을 하지 않으면 실수가 없다. 글은 쓰고 난 뒤에는 고치고 또 고칠 수 있어서 눈에 띄는 어떤 잘못도 줄일 수 있다.

우리들 주변에는 말을 잘하는 사람, 말의 속도가 빠른 사람, 속도가 느린 사람 등 여러 갈래이다.

말하기에도 기술이 필요하다. 흔히 아나운서의 뉴스 진행을 말하기의 표준으로 삼는다. 뉴스를 진행할 때 하는 말을 1분간 280단어 안팎이다.

일반적으로 말을 빨리 하는 사람은 1분간에 400마디 정도까지 늘어놓는데, 사람의 귀는 1분에 500마디 정도의 말을 들을 수 있다고 한다. 이는 보통 우리가 말하는 속도에 비해 2.5배 정도를 들을 수 있다는 이야기이다.

말의 힘은 실로 엄청나다

정치나 종교를 담당하는 사람들의 말은 무한의 가치를 갖고 있다. 정치나 종교에서는 진실로써 말하고, 논리로써 말을 하여야 하며, 토론이나 모임에서는 친밀하게 말하는 것이 중요하다.

그러나 글을 쓰는 일, 더구나 자기의 생각이나 어떤 작품을 쓰는 경우 시간만으로 계산할 수는 없다. 우리들이 말을 배우는 데는 2년이 걸리지만 침묵을 배우는 데는 60년이 걸린다는 말도 전한다. 그만큼 어렵다는 뜻이다.

20세기 한국 천주교를 이끈 김수환 추기경이나 불교계의 지도자였던 성철 스님은 평생을 청빈 근검하게 살았다. 그들은 자신이 이끄는 종교의 가르침을 널리 펴고 실천하면서도 다른 종교에 대해 이렇다 저렇다 비방하는 말을 한 적이 없고, 서로의 존중과 화합에 정성을 기울였다.

엄청난 종교 재산을 관리하면서도 전설적인 설교로 이 세상을 이끌었다. 김수환 추기경은 오직 신부복과 묵주, 자신의 안구 각막을 세상에 남겼고, 성철 스님은 누덕누덕 기운 가사_{스님 옷} 두 벌을 세상에 두고 떠났다. 그러나 그들이 남긴 언행은 세상에 빛을 주었다.

"웅변은 은이고, 침묵은 금이다."

영국 역사가이자 평론가 칼라일의 말처럼 웅변의 힘보다는 침묵의 가치가 더 크다. 말하기와 듣기에 대하여 교훈적인 이야기를 남긴 사람은 삼성그룹을 일궈낸 이병철 회장이다. 그는 생전에 아들 이건희에게 삼성그룹 경영권을 물려주는 날, 경청이라는 글자를 전달하였다.

"경청傾聽하라!" (남의 말에 귀를 기울이되 주의해서 잘 들어라.)

아주 짧은 글귀이다. 그러나 짧은 글 속에 참으로 큰 뜻이 들어 있다. 아들은 아버지의 이 근엄한 가르침을 경영의 지침으로 삼고 실행에 옮겼다. 그리하여 삼성그룹을 한국을 대표하는 세계적인 대그룹으로 키워냈다.

외교가인 반기문 총장도 남의 말을 귀담아 듣는 훈련을 쌓아온 덕에 세계의 내로라하는 수재들이 말의 잔치를 펼치는 국제 외교 무대에서 최고의 지도자로 국제 사회를 훌륭하게 이끌고 있다. 결코 우연한 일이 아니다. 자신을 스스로 연마해온 훈련의 결과이다.

반 총장은 "좋은 약은 입에 쓰지만 병에는 이롭고, 좋은 말은 귀에 거슬리지만 행위에는 이롭다."라는 공자의 말을 늘 가슴 깊이 지니고 다녔다.

05 유엔의 중심은 사람이다

세상에는 참으로 대단한 사람들이 많다.

야구나 축구에서 천재성을 나타내는 스타들, 음악이나 영화 등에서 명성을 떨치는 사람이 있다. 그런가 하면 사업 수완이 뛰어나서 두각을 나타내는 사람들도 있다.

그런 사람들을 대단하다며 부러워한다.

"나에게도 그런 재능이 있으면 얼마나 좋을까?"

사람에게는 누구나 한 가지 숨은 재능을 가지고 있다. 그 재능을 찾아내는 때가 다를 뿐이다.

"그렇다면 나의 재능은 어디에 숨어 있을까?"

숨어 있는 재능을 하루라도 빨리 찾아내고 싶은 것이 우리들의 마음이다. 재능을 일찍 찾아내어 갈고 닦는 사람은 그만큼 앞서 갈 수 있다. 숨어 있는 재능을 부모가 찾아주는 것이 아니라 자기 스스로 찾아내야 한다. 한 가지 분명한 것은 열등감을 갖고 있는 한 재능을 찾기가 불가능하다. 할 수 있다는 자신감이 넘칠 때 재능은 나타난다. 할 수 있다는 자신감은 바로 용기이다.

사람은 누구나 좋은 일을 하고 칭찬을 받으면 기분이 좋아진다. 여기에는 복잡한 것이 하나도 없다. 이는 인간으로서 행복하게 살아갈 수 있는 지혜이기 때문이다.

인류는 45만 년이라는 긴 세월을 살아오는 동안 발전하고 번영하면서 살아왔으며, 앞으로도 그렇게 살아갈 것이다. 여기엔 삶의 지혜를 지닌 유전자가 있기 때문이다.

유전자가 없는 생물은 없다. 물속에서 솟아오르며 쇼를 하는 돌고래도 유전자를 갖고 있다. 그래서 돌고래도 행복을 느끼며 춤을 춘다.

사람들에게는 누구에게나 서로 도우며 함께 살아가는 유전자가 있다. 모두의 행복을 위해서 노력한다. 자신만의 행복을 위해서라면 사회라는 조직은 무너진다.

그래서 사회와 나라, 유엔에도 사람이 중심이다. 사람이 중심한 곳에서는 자기 연마와 혁명이 필요하다. 사람들은 오늘보다 희망이 넘치는 내일을 바라보면서 활동한다. 공부하고 재능을 찾아내어 키우면서 앞으로 나아간다.

지구촌에서 사람만큼 노력하는 생물은 없다. 즐겁게 살기 위해서, 좀 더 행복을 누리면서 살기 위해서 끝없이 노력하는 것이다. 노력하지 않고도 성공을 거둘 수 있다고 믿는 사람은 아무도 없다. 그런 사람이 있다면 정말 바보이다.

사람이 중심인 사회에서는 예의범절을 소중하게 여긴다. 귀여운 어린이들에게 사랑만을 안겨주기 이전에 예의부터 가르쳐야 한다. 공부를 좀 잘하니까 버릇없게 굴어도 괜찮다고 여기는 부모들이 있다. 예의를 배우지 못하고 자란 어린이는 훌륭한 인물이 되기 어렵다는 것이 사회적인 통계이다.

흔히 사고를 친 사람들을 보면 대부분이 수재에 속하는 사람들이다. 그 사고가 좋은 것이라면 스타가 되지만, 반대로 나쁜 것이라면 스스로의 인생을 파멸시킨다.

사람이 인간에 대한 예의를 모르면서 자란다는 것은 실패의 지름길로 가는 것이다.

예의범절을 가르쳐주는 일은 조직체의 중심인 사람이 다른 사람들과 함께 더불어 살아가는 지혜를 일깨우는 살아 있는 교육이다.

세상에 쉬운 일은 하나도 없다

먹고 놀고 잠자는 일이 쉬운 것 같아도 그렇지 않다. 세상에서 가장 힘든 일은 다른 사람의 마음을 움직이도록 이끄는 일이다.

더구나 나와는 생각이 다르고 삶의 방식이 같지 않으며 가치관이 다른 외국 외교관들의 마음을 움직여서 내 편으로 만든다는 일은 정말 어렵다.

다른 나라 외교관들을 내 편으로 끌어들이지 못하면 외교 무대에서 성과를 올릴 수가 없다. 그래서 외교관들의 마음을 움직이는 것이 우선 과제이다.

반기문은 외교관으로 일생을 바쳐오고 있지만, 외교만큼 어려운 일은 이 세상에 없을 것이라고 입버릇처럼 말하곤 한다. 외교도 결국 사람이 중심이다.

남들이 볼 때는 비행기 타고 외국 나들이를 자주 한다고 부러워한다. 그러나 외교 중심에 들어가 있는 전문 외교관으로서는 외로울 때가 너무나 많다.

외국에서 항상 만나는 사람들은 한국인이 아니라 외국인들이다. 나라마다 지켜야 할 예의범절도 까다롭다. 그래서 외국에서 근무하는 외교관들에게는 하루 24시간이 그대로 노출된다 하여 '어항 속의 물고기 신세'라고 말한다.

반기문 유엔 사무총장은 사람이 중심인 유엔에서 사람으로 인해 생기는 여러 가지 갈등, 국가 간의 분쟁, 그리고 평화를 지켜가는 문제들로 잠시라도 편히 쉴 수 있는 시간이 없다.

그래서 이것도 '내가 타고난 사주팔자'라고 가끔 푸념한다.

반기문 유엔 사무총장은 세계 평화의 안전 유지와 국제 협력을 이끌어내는 일에 정성을 기울이고 있다.

반기문 유엔 사무총장 직인 '삼족오'
삼족오는 '세 발 까마귀'라는 전설의 새

삼족오三足烏는 고대 동아시아한국, 중국, 일본 지역에

서 태양 속에 살면서 날마다 태양을 등지고 솟아올

랐다는 '전설의 새'이다. 그 유래에 관한 이야기는 여러 가지로 구구하나,

정설은 없는 듯하다, 활쏘기의 명수인 예가 삼족오를 겨누어 쏘자 날개가

떨어졌다고 전한다. 다만 태양이 양陽을 상징하는 정령이기 때문에 양을 뜻

하는 3을 택하여 삼족오라고 하였다고 전한다.

이 직인은 태양을 상징하는 원圓 인에 그려졌다는 점이 색다르다. 삼족

오의 발은 조류의 발톱이 아니라 낙타나 말 같은 포유류의 발굽 형태를 보

이고 있다.

반기문 사무총장, 바쁜 시간 틈내
한국 각계 인사들 예방 받고 환담

반기문 유엔 사무총장은 유엔 본부를 방문한 한국 각계 인사들의 예방을

수없이 받고 환담하고 있다. 그 가운데 고향의 행정을 맡은 이시종 충북 도

지사, 여성으로 대법관을 지낸 김영란 국민권익위원회 위원장, 인기 가수

비정지훈 등의 예방도 받아주었다.

이시종 충북 도지사는 "기후변화 문제를 비롯해서 최근 이집트, 리비아

등의 재스민 혁명과, 일본 동북부 대지진 발생과 원전사태 등 지난 100년 동안 이렇게 큰 이슈들이 한꺼번에 발생한 적이 없었다."라며 반기문 총장 께서 리더십을 발휘하여, 유엔이 중심되어 어려운 일을 헤쳐 나가고 계신데 대하여 경의를 표하고, 충북 대표단을 맞이해 준 데 대하여도 감사의 뜻을 전했다.

반 총장은 이 도지사와의 환담 자리에서 '생명과 태양의 땅 충북'의 발 전을 위해 오송 바이오 벨리, 태양광 특구 조성 등의 해결을 위한 노력과, 기후변화 전시 교육관 설치 등에 대한 여러 가지 이야기를 나누었다.

김영란 위원장의 예방을 받은 자리에서는 한국 정부의 부패 방지와 청렴 정책 등에 대한 이야기를 주로 했다.

반 총장은 김 위원장의 지원과 협조를 요청받고 "여러 나라 기관과의 협 조체계를 구축해 상호 간 경험을 공유하는 방법으로 접근하여, 유엔 권익위 원회 활동을 통해 최대한 지원하겠다. 한국 정부의 투명성과 책임성에 대해 자부심을 가지고 있으며, 이 문제는 어느 한 나라의 문제가 아니기 때문에 유엔에서 이미 60여 년 전부터 추진해온 일이라, 당연히 받아들이고 있다." 라고 전했다.

반 총장은 가수 비정지훈의 예방을 반갑게 맞아, 그의 어린 시절 이야기 를 듣고, "더 열심히 활동하여 한국을 빛내는 훌륭한 가수가 되라."고 격려 하였다.

이 자리에서 비는 "저의 고향도 음성입니다. 서울종암초등, 숭례초등학교를 거쳐 중북 음성중학교를 다녔지요. 우리 어머니도 떡 방앗간을 했답니다. 유엔 사무총장으로 활동하시는 고향의 대 선배님을 예방하여 영광입니다."라고 말했다.

국제연합(UN)

[목적] 국제연합은 국제 평화의 안전 유지, 국제 협력을 제일의 목적으로 하는 인류 사상 최대의 국제기구를 말한다. 국제연합United Nations이라는 영어의 첫머리 글자만 따서 UN이라고 쓰고 있다.

[성립] 제2차 세계대전 중인 1945년 6월 25일 국제연합 헌장 조인식을 갖고, 대전이 끝난 뒤 1945년 10월 24일 51개국을 회원국으로 설립되었다. 그 뒤 1947년부터 10월 24일을 유엔의 날UN Day로 기념하고 있다. 현재 192 나라가 회원국으로 가입되어 있다.

[기구] 총회, 안전보장이사회, 경제사회이사회, 신탁통치이사회, 국제사법재판소 및 사무국 외에 각종 위원회를 두고 있다. 유엔 산하 기구로 국제연합 아동기금유니세프, 국제연합 교육과학문화기구유네스코, 세계보건기구WHO, 국제통화기금IMF, 만국우편연합UPU 등 50개 기구가 설치되어 활동을 편다.

[총회] 유엔 기능 전반에 관한 최고 기관이다. 모든 가맹국에 의해 구성된다. 권한은 평화와 안전 유지에 관한 권고, 각종 이사국의 선출, 가맹국의 승인과 제명, 투표권 등 매우 광범위하다.

[본부] 미국 뉴욕에 본부가 있고, 스위스 제네바에 유럽 사무국이 있다. 본부에는 사무총장과 1만 9,000여 명의 직원들이 있다. 유엔 헌장에 따라 안전보장이사회의 권고에 따라 총회에서 총장을 임명한다.

유엔 사무총장

국제연합의 수석 행정관. 사무국과 국제연합 직원들을 통할하고 총회, 각종 이사회, 국제연합의 모든 회의에 출석하며 이들 기구로부터 위탁받은 과업을 수행한다.

국제 평화, 안전의 유지를 위협한다고 인정되는 사항에 대하여 안전보장이사회에 주의를 촉구하거나 권고하며 가맹국 간의 분쟁을 조정한다. 특정 국가로부터 간섭을 받지 않고, 중립적 입장을 지킨다. 국제연합의 활동 전반에 걸쳐 총회에 연차보고를 한다. 사무총장의 임기 규정은 없으나 5년 임기에 연임할 수 있다.

유엔 사무총장은 국가원수급 대우를 받는다. 국가원수는 한 나라를 대표하지만 유엔 사무총장은 192개 회원국의 입장을 대변하고 이해관계를 조절하기 때문에, 어떤 측면에서는 국가원수급보다 높은 예우를 받는다고 할 수 있다.

유엔 사무총장의 공식 연봉은 22만 7254달러다. 환율 1,000원으로 환전 한다해도 2억 2,725만 원이 넘는다. 여기에 개인 활동을 위한 판공비와 경호비용을 추가로 지급받는다.

유엔 사무총장은 24시간 그림자처럼 따라다니는 전담 경호를 받으며 별도의 관저에서 생활한다. 사무총장 관저는 뉴욕 맨해튼 외곽의 서톤플래시스에 있는데, 관저에서 유엔 본부까지 걸어갈 수 있는 가까운 거리이다.

역대 총장

- 제1대 : T.H. 리노르웨이 – 1946~52년
- 제2대 : D. 하마슐드스웨덴 – 1953~61년
- 제3대 : 우 탄트미얀마 – 1961~71년
- 제4대 : K. 발트하임오스트리아 – 1971~81년
- 제5대 : T.P. 케야르페루 – 1982~91년
- 제6대 : B.B. 갈리이집트 – 1991~96년
- 제7대 : 코피 아난가나 – 1997~2006년
- 제8대 : 반기문대한민국 – 2007~현재

반기문 총장 프로필

1944년 6월 13일 충북 음성 출생,
원숭이 띠, 쌍둥이자리
충주 교현초등학교, 충주중, 충주고교 졸업
서울대학교 외교학과 졸업
미국 하버드 대학교 대학원 케네디스쿨
졸업행정학 석사

주요경력

- 1970년 외무고시 합격 외무부에 들어감
- 1972년 주뉴델리 부영사
- 1974년 주인도 2등 서기관
- 1978년 주유엔 1등 서기관
- 1980년 외무부 국제연합과장
- 1983년 외무부장관 보좌관
- 1985년 국무총리 의전비서관
- 1987년 주미 대사관 참사관 겸 총영사
- 1990년 외무부 미주국장
- 1992년 외무부장관 특보/ 주미 대사관 공사
- 1995년 외무부 외교정책실장
- 1996년 외무부 제1 차관보 / 대통령 의전수석비서관 / 외교안보수석비서관
- 1998년 외교통상부 본부대사 / 주오스트리아 대사
- 2000년 외교통상부 차관
- 2001년 주유엔 대표부 대사 겸 제56차 유엔 총회 의장 비서실장
- 2003년 대통령 외교보좌관
- 2004년 외교통상부 장관 / 대통령비서실 외교보좌관

- 2004~2006년 제33대 외교통상부 장관
- 2006년 제8대 유엔 사무총장 당선
- 2007년 제8대 유엔 사무총장 취임
- 2011년 제8대 유엔 사무총장 연임

주요 상훈

- 1975년 녹조근정훈장
- 1986년 홍조근정훈장
- 2001년 오스트리아 대훈장
- 2002년 브라질 리오 블랑코 대십자 훈장
- 2004년 코리아 소사이어티 밴 폴리트
- 2006년 제6회 자랑스러운 한국인 대상 최고대상
  페루 태양 대십자 훈장
- 2007년 제1회 포니정 혁신상
- 2008년 국제 로타리 영예의 상
- 2009년 델리 지속가능개발에 관한 정상회담 지속가능개발
  지도자상
  국민훈장 무궁화장

세계를 설득한

반기문 리더십

초판 1쇄 발행	2012년 5월 10일
초판 3쇄 발행	2013년 1월 22일
지은이	유한준
펴낸곳	BOOK STAR
펴낸이	박정태
출판등록	2006. 9. 8. 제 313-2006-000198 호
주소	경기도 파주시 문발동 파주출판문화도시 500-8 광문각 B/D 4F
전화(代)	031)955-8787
팩스	031)955-3730
E-mail	Kwangmk7@hanmail.net

ⓒ 2011, 유한준
ISBN 978-89-97383-03-0   44040
        978-89-966204-7-1   (세트)

정가	12,000원

저자와 협의하여 인지를 생략합니다.
잘못 만들어진 책은 바꾸어 드립니다.